U0624567

老子哲学

THE PHILOSOPHY OF LAO TZU

蓝　进◎著

THE PHILOSOPHY OF LAO TZU

都说你离我们很远

悠悠两千五百多年

其实你离我们很近

一直在路上攀谈

都说你离我们很远

悠悠两千五百多年

其实你离我们很近

一直在我们中间

茫茫天地万象

听来似深也浅

读懂你的人就会大悟恍然

茫茫天地万象

听来似深也浅

一位时光老人留下旷世真言

留下旷世真言

作者简介

蓝进，字耀廉，1928 年生，福建古田人。曾就读于福州三一学院，毕业于省立福州高级中学。1948 年考入国防医学院；1949 年参加中国人民解放军；1954 年毕业于上海第二军医大学。

曾任海军四〇二医院外科军医，青岛市第二人民医院外科主任，山东省海洋药物研究所英、俄、德、日资料翻译。1979 年调入中国海洋大学（山东海洋学院）任教授，讲授生物化学、分子生物学、毒理学、营养学等课程，并从事海洋药物、海洋资源应用等研究工作。2001 年赴新西兰参加奥克兰大学和皇家科学院项目研究，曾任新西兰天然药物所常务副所长。

序

/ Preface /

作者在完成《道德经导论》著作后，心情依然沉重。回顾人类数千年历史和世界四大文明古国的行程和轨迹，深感人类物质文明是发展了，而人类的精神文明始终处于滞后和极不平衡状态。

往事历历，不堪回首。物质文明和许多文学的美丽辞藻被用来掩盖甚至歌颂野蛮、暴行、残酷、屠杀和种种罪恶行径。

雄伟壮观的埃及金字塔是数十万奴隶在皮鞭不断抽打下，耗费其青春年华，用汗水、泪水、血水和活生生的生命建筑而成的。

灿烂光辉的巴比伦王朝，是靠战争、扩土、掠夺奴隶、抢劫财富起家的。第二次世界大战，法西斯侵略者应用现代科学成就，制造尖端武器，屠杀了数百万犹太人，数千万中国人，成千上万的俄罗斯人和其他欧洲人。他们都是手无寸铁的父老乡亲和无辜的妇女儿童。

曾几何时，朝鲜战争，越南战争，阿富汗战争，伊拉克战争，利比亚战争，接踵而来。战争，又是战争，夺走了无数人的生命，摧毁了无数人的家园，留下的是孤儿寡母，废墟和动乱。看看，战后的伊拉克和利比亚吧！

如今，战火仍然笼罩着中东，成千上万流离失所的难民涌向欧洲。

在西太平洋的上空一直游荡着东条英机、冈村宁次、山本五十六的幽灵。刮自东太平洋的阵阵狂风，正在激荡着这些幽灵，他们欢欣，他们鼓舞，他们又想兴风作浪了。

为此，作者忘却自己已是耄耋高龄，不惜衰朽残年，依然夙夜匪懈，竭忠尽智，完成这部著作。因为，老子哲学是呼唤人类理性和良知的巨著和良药。

人类是一个命运共同体。人类社会是多么需要理性和良知！

蓝进

二〇一九年仲秋于北京

目录

/ Contents /

下篇　原著解读

上篇　老子哲学

第一章 绪 论

老子哲学是一部原始的、理性的、严谨的、实事求是的经典哲学。它历经两千五百多年，依然虽古犹今，屹立于世界哲学之林，毫不逊色。这是中华民族对人类社会的一个巨大贡献！

老子哲学是中华文化的精髓，中国哲学的主轴，东方哲学的珠穆朗玛。在人类哲学史上，老子哲学可以说是极早的一部以物质为基础，揭示事物运动、变化的逻辑规律、辩证规律、发展规律和守恒规律的完整哲学。

老子哲学留给后人的是真实的知识、浓缩的经验和净化的智慧。老子哲学的灵魂是实事求是、以物为基、以人为本、以理性和良知统领人类的精神世界。在老子哲学中，人类最高的智慧是经过理性和良知净化过的智慧。这是老子哲学的般若。

老子哲学诞生在两千五百多年前，是一株出淤泥而不染的奇葩。它的超时空性和普世意义在于将哲学的价值和终极目的落实在保护人类、关爱人民、安邦治国、珍惜生命、尊重人权、反对战争，为人类开创万世太平的事业上。因此，这部哲学就是人类伟大事业的理论基础。

一、概述

老子哲学成书于“大道废”之后，天下为公变为天下为私，人类社会进入快速发展与黑暗和苦难并重的时代。奴隶主的重重压迫和剥削；统治者间的争权夺利，相互厮杀；战火连年，人祸叠起；百姓命如蝼蚁，人权涂炭，生不如死，苦不堪言。面对残酷现实，老子追求哲学，就像神农尝百草、佛陀离皇宫，万苦不辞，苦心孤诣，心系百姓，只是为了百姓。

马克思说：“哲学是时代精神的精华。”老子就是那个时代精神精华的主要缔造者。整部老子哲学苦苦追求的是物质世界的真实情况，寻觅的是事物发展的规律。所有这一切只有一个目的，为人类所用，为人类服务，救万民于倒悬，造福人类。

同样，这也是一部万民可用的哲学。一部可以救世济民的哲学，蕴藏着无限的智慧和真知灼见。对

于任何一个人来说，如果他想置自身于不败之地，成为一个真正的人、顶天立地之人、建功立业之人，无愧于祖国和人民，无愧于先人、父母和亲人，那么，这部哲学将是他人生航程的罗盘和灯塔。

老子著作犹如无限太空，是老子哲学的载体。老子哲学的真谛深藏其中。其文字是钥匙，其章句体是线索，其全篇是一张多维立体示意图。就此按图索骥，还是很难窥其全貌。检索文献是必要的，查阅古往今来学者们的见解和评说是有益的。但是，最最重要的是以实为基，从实进虚，以虚导实，以实证虚。这是说，要紧紧结合实事、实物和实践，从现实世界中，从历史史实中，从天地万物中，从社会万象中，直至从人类欢乐和苦难中，去寻觅，探索，感悟，思考，反思。

因此，老子哲学之源是客观存在的世界，其基础是确知的事物，其根本是实事和事实。老子哲学开宗明义提出“道可道”（第一章），这是说，哲学是从可以说清楚的事物起步，由此，循序追索和探求，直到“非常道”（第一章）。“非常道”是指不是可道之道。也就是说，追索和探求到说不清楚的永恒之道。在此，老子提醒人们要“知不知，尚矣”（第七十一章）。这是说，要老老实实地承认客观世界的永恒部分，确实是深奥、奇妙，一时或是永远无法说清楚的，只有实事求是地面对“不知”，才能正确认识客观世界。近代英国哲学家罗素说过，哲学的“思辨心灵所最感兴趣的一切问题，几乎都是科学所不能回答的问题”。对于这些现代科学都不能回答的问题，两千五百多年前的老子哲学，并没有立即将其引向神学，而是老老实实地总结为“玄之又玄，众妙之门”（第一章）。这是一个科学的、开放的、具有无限发展空间的结语。

贯穿整部老子著作的哲学是唯物观和辩证法。老子哲学的终极目的是“民为本，道为用”。哲学的价值在于为人类所用，造福人类。

二、东方之道（哲学）

东方之道是老子之道的渊源。中华民族在黄河流域从三皇五帝到夏、商、周三代历经数千年的文化积淀，造就了这片文化沃土。到了春秋时代，中华文化已形成规模，诸子百家如雨后春笋般涌现。在百花齐放、百家争鸣中，“道”是各家各派各自的灵魂。各家各派自成门户，道不同不相与谋，这样，必然产生许多的道。狭义的东方之道就是这些道的总称，指的主要是中国之道。广义的东方之道还应该包括恒河流域的印度文化所产生的道。印度之道从公元前1200年左右雅利安人进入印度后，以吠陀为代表的雅利安文化为起点，以宗教为核心，形成了婆罗门教为主流之道。后来由于《奥义书》之道的兴起和冲击，分裂和引发出许多之道，不过主流只有两大派，一是婆罗门之道，另一是诸沙门之道。后者进入佛陀时代，仅佛教就有九十六种外道或六十二见。这些印度的东方之道与中国的东方之道在老子年代还未接触和相处，与中国的东方之道没有关系。

老子时代的东方之道，正处于发展之始。根据近代哲学家冯友兰的描述："在中国哲学史各期中，哲学家派别之众，所讨论问题之多，范围之广，及其研究兴趣之浓厚，气象之蓬勃，皆以子学时代为第一。"这里的哲学是指道，子学时代就是老子所处的春秋时代。

此时，东方之道所形成的哲学园地正处于鼎盛时期。可称为派系的就有儒家、道家、墨家、法家、名家、阴阳家、纵横家、农家、医家和兵家等，此外，还有杂家、小说家。这便是老子之道诞生的学术背景。

但是，在这繁花似锦春满园的另一面是东方之道仍然掌握在执政者、贵族和士大夫手里，其主要导向是君权神授，天帝管着人间，人类的命运是天定的。因此，天文、历书、五行都笼罩在神秘的面纱里，蓍龟占卜盛行，人们讲究风水和面相。这些情况对老子之道都是严峻的考验。

三、老子之道

老子之道继承中华数千年文化之积淀，包括易学原理，吸取东方之道的精华，去其糟粕，精练成一套完整的,近似于客观世界真谛的有机思维体系。这是中国哲学的原始胚胎，具有无限发展前景。无怪乎司马迁父亲司马谈对老子之道倍加赞许，评述道：“道家使人精神专一，动合无形，赡足万物。其为术也，因阴阳之大顺，采儒墨之善，撮名法之要，与时迁移，应物变化，立俗施食，无所不宜，措约而易操，事少而功多。”（《史记》太史公自序第七十）这个评语可以说将老子之道提高到无与伦比的境地。

此后两千多年来，历朝历代，从帝王将相士大夫到布衣学者，无不给予老子之道以高度评价，今

择数端以示其要。

列子说："老子者，道也，乃生于无形之先，起于太初之前，行于太素之元。"

宋真宗赵恒说："老子《道德经》治世之要。"

苏辙(宋)说："言至道，无如五千言。"

朱元璋(明)说："斯经乃万物之根，王者之上师，臣民之极宝。"

魏源(清)说："老子之书，上之，可以明道；中之，可以治身；推之，可以治人。《老子》救世之书也。"

纪晓岚(清)说："综罗百代，广博精微。"

鲁迅说："不读《道德经》一书，不知中国文化，不知人生真谛。"

胡适说："老子是中国哲学鼻祖，是中国哲学史上第一位哲学家。"

冯友兰说："老子揭示宇宙法则，依循法则，安排自己行为，避凶化吉。"

毛泽东说："《道德经》是一部兵书。"

以上评语和见解显示：老子之道对于不同观察者都将折射出五彩斑斓的光芒。

造就老子之道，使其可以持续发展和可能登峰造极的关键在于：

（一）专注客观世界。

老子之道把自然、道、天、地、人统统纳入道之中。从实着手，以实为基。在事实和实事中求是，求真。“人法地，地法天，天法道，道法自然。”（第二十五章）因此，“天下皆谓我道大”（第六十七章），只有道大，才能放眼无限太空，纵横宇宙万物。

但是，求道却要从具体事物着手，从小到大，从低到高，从简到繁，从近到远，从实到虚。“合抱之木，生于毫末，九层之台，起于累土，千里之行，始于足下。”（第六十四章）“天地之间，其犹橐龠乎？虚而不屈，动而愈出。”（第五章）从风箱中，看到虚而不屈的空间和看不见的无限存在，这就是：物及深处皆是道，事入细微尽文章。“天下大事，必作于细。是以圣人终不为大，故能成其大。”（第六十三章）

（二）排除一切干扰。

任何干扰，不论是外在的，内在的，传统的，风俗习惯的，宗教信仰的和社会意识形态的，统统不得影响对事物的观察。

老子之道强调“致虚极，守静笃”（第十六章），严格要求观察者不得受精神状态、情感冲动和情绪起伏的干扰，否则，哲学就成为人类意识的附属品，造成有多少哲学家就有多少哲学的哲学尴尬局面。

英国哲学家罗素在其《西方哲学史》中引入一则故事，说的是法国哲学家卢梭在给一位贵妇人的信中写道："有时候，我独处书斋，双手紧扣眼睛，或是在夜色昏暗中，我认为并没有神。但是，望一望那边，太阳在升起，冲开笼罩大地的薄雾，显露出大自然的绚烂惊人的景色。这一霎时，我也从我的灵魂中驱散全部疑云，我重新找到我的信念、我的神和我对他的信仰。我赞美他，崇拜他，我在他面前匍匐低头。"

这是一则具体而生动的，惊叹情感和情绪左右观察和信仰的范例，很值得我们深思。

（三）实践的检验。

"万物并作，吾以观其复。"（第十六章）这里强调"观其复"。不论是实事求是的"是"，务实求真的"真"，或是任何理论、学说、主义、权威，统统都要接受实践的检验和证实。

反复观察和实践是检验和发展道的唯一途径。反思和思辨是要求道要符合客观世界的本质、属性和规律，而不是其反。

上述三项关键是进入老子之道的秘诀，也是揭示客观世界真实情况的科学途径，具有超时空的普世意义。

四、老子哲学的传承

自老子著作面世，老子哲学一直在正和反、正和误交织中流传着。老子的称谓有哲人、仙人、道家、法家、政治家、军事家、哲学鼻祖、道教始祖、帝王之师、太上老君、唯物主义者、唯心主义者等等，不一而足。其相距，可以说是天壤之别。要想泾渭分明地厘清和梳理出老子哲学原义的流派并不容易。

这里只能将老子哲学的传承大略地分为几个流向，分述如下：

（一）以庄子为先导的老子哲学。

按司马迁的说法，这是被庄子“散道德、放论、要亦归之自然”之后的老子哲学。老子哲学的“有物混成，先天地生”（第二十五章）的物质核心被散去了。老子哲学的辩证规律被无限放大了，形式逻辑被否定了。从而产生虚无、无所作为、返璞归真、超然物外的自为哲学。

这样，就将老子哲学与“拔一毛而利天下不为”“全性葆真”“不以物累形”的杨朱之说，相混为伍。

庄子放大辩证规律，否定形式逻辑，提出齐天地，齐万物，齐到大小、寿夭、彼此、生死、美丑和是非。生和死一样，成功和失败一样，清醒和做梦一样，这就是“道通为一”(庄子·齐物篇)。庄子认为，天地混沌，日月未开，是道的最高境界。“恶乎至？有以为未始有物者，至矣，尽矣！”(庄子·齐物篇)译成白话是说：“什么是最高境界？宇宙未曾形成，天地还没有出现，万物还没有产生，这是道的最高的、尽善尽美的境界。”这样，庄子就将老子哲学与“全生”“去知”“忘我”，主张“齐生命，等古今”的彭蒙、田骈相混为伍了。

秦汉之后，王弼对老子著作所做的诠释，一直为后世所引用。后人对其评价是“开后来玄虚之渐，妙得虚无之旨”。这样，王弼就将老子哲学虚无化到盖棺定论的地步。

这个流向导出的老子哲学至今仍被认为是唯心主义和先验论者。

(二) 道教引导出的老子哲学。

道教渊源于古代的巫术和方术。东汉顺帝时，张道陵创五斗米道；东汉灵帝时，张角创太平道。这是道教的两大派别。早期道教以老子著作“五千言”和太平经作为圣经，奉老子为道德天尊太上老君，作为道教三清尊神之一。从此，老子哲学开始被神化，天道成为天机，道成为神明之本，道之德以虚无为体，清静为宗，柔弱为用，无为不争为行。从老子著作中“玄之又玄，众妙之门”（第一章）引申出“玄”的概念，转化为道教教义的重要内容。从“常德不忒，复归于无极”（第二十八章）引申出“无极”的概念。将“无极”作为万物归根于道的一种状态，进而衍生成修道、养生，达到得道和长生久视的至高境界。

道教中，又将“无极”视为“太极”的根源，而“太极”是至高无上的宇宙本源。从“太极”生两仪，两仪生四象，又将“太极”引向八卦，引向易经。

道教是一种具有高深哲理的宗教，其理论既复杂又多样，这和接纳老子哲学并将其向不同方向引申和发展是密切相关的。

（三）孔子和儒家传承的老子哲学。

从本质上看，孔子和原始儒家哲学与老子哲学是同源、同宗的，基本上是一脉相承。老子哲学是中华哲学的重要渊源和主轴，几乎概括了全部中华哲学内涵。孔子和儒家则是老子哲学在人类社会和精神世界中正面部分的体现和表达。

孔子和儒家在诸多方面显示的特征，可以看出

其本质是老子哲学。

1. 孔子和儒家的哲学是入世的，务实的，实事求是的和格物致知的。

2. 在人类社会中，以人为本，以道为用。

3. 在精神世界，以“仁”为核心，而“仁”的根本和实质是人类的理性和良知。

上述这些特征，都是老子哲学的正面演绎。

孔子和儒家始终站在教育家的角度，从正面教化万民，包括统治者在内，要处处谨言慎行，克己复礼，隐恶扬善，成人之美。这些也是老子哲学的正面表达。而老子哲学的另一面是披露阴暗，揭示丑恶。从而提出“智慧出，有大伪”（第十八章），“绝圣弃智，民利百倍；绝仁弃义，民复孝慈”（第十九章），“以智治国，国之贼；不以智治国，国之福”（第六十五章），等等，把统治者的伪善、假仁、假义揭露得淋漓尽致。这些是老子哲学对负面状态的揭示和表达。两种表达，天壤之别，实则是同出而异表。这也是老子哲学两千五百多年来，屡屡被误解的缘由。无怪乎大儒韩愈批判老子道：“老子之小仁义，非毁之也，其见也小也。坐井而观天，曰天小者，非天小也。”其间的误解成为千古笑谈。

儒家在传承中，同样发生流变。孟子对老子哲学的唯物观已经出现偏离。孟子主张“知性”“尽心”“知天”“万物皆备于我”“上下与天地同流”，从而提出“浩然正气”“其为气也，至大至刚，以直养而无害，则塞于天地之间”（孟子·公孙丑上）。这是说人类精神产生的“浩然正气”，可以脱离血肉之躯，弥漫太空，充塞宇宙。这个观点到了西汉董仲舒就成为“天人合一”。

此后，南宋陆九渊提出“宇宙便是吾心，吾心即是宇宙”。明朝王守仁提出“心外无物，心外无事，心外无理，心外无义，心外无善”。这样，老子哲学的唯物观在这个支流中流失殆尽。

北宋程颢提出“天者，理也”，程颐提出“只心便是天”。他们认为“天下皆是一理”“理一分殊”。这是说，天下万物都源于一个理，一个理衍生出千差万别之物。由此，两程成为“理学”的奠基人。继承者南宋朱熹，集理学之大成，将理学系统化、理论化，形成儒家一大派系。到此，老子哲学的唯物观全没有了，只剩下一些辩证法。

在儒家传承老子哲学的流向中，明清之际的王夫之独占鳌头，可以说是得老子哲学之精义。王夫之提出“天下惟器而已，道者器之道，器者不可为道之器”（周易外传·卷五）。一语道破天机，正确诠释了“有物混成，先天地生”“道法自然”（第二十五章）的主旨。老子哲学所谓之道是冠以物质之道，道的终极基础是自然，是物质的本体。

纵观上述老子哲学的传承流向，似乎是在不断分离中流传着，犹如树木，从主干分出粗枝、细枝到小枝，分得枝繁叶茂，令人眼花缭乱，莫衷一是。其实，这些枝干仍然像流水，万水奔流终归大海。凡是经受种种实践考验而颠扑不破的真理，最后必归于一。

一切学说、主义、理论，包括哲学，除了靠强权、强势、强力强行推行者例外，都得经受实事、事实和付诸实践的考核、筛选、鉴别和验证。这就是实践是检验一切真理的唯一标准。

五、编著说明

对原著需要说明的一些情况。

（一）原著是古文，是文字极其简约的古典著作；其文字的多义、多种组合和自定义，仅仅五千言涵盖无限智慧，可以说尽收中华文化之精华。全篇蕴藏着许多类似原理、定理和公式，隐约中可以窥见系统论、控制论、信息论、方法论和进化论的雏形。愈是深入其中愈感深奥，深到只可意会不可言说的时候，就会体会到：知道“不知道”是比“知道”更高上一层楼的“知道”。这时，才算真正读懂和领会“知不知，尚矣”（第七十一章）的真正含义。

不同的深入将产生不同的不知道。人类认识存在是进行式，不是完成式。同样，对原著的探讨，一直在进行中，本书只是以砖引玉者。

（二）原著是以道为核心、以道之德的应用而展开的。其中有理论，有实践；有归纳，有演绎；有还原，有综合；有分析，有批判；有范例，有寓意；有战略，有战术；有明说，有暗示。所有这些都是以隐约、曲折和无序相混的形式出现的，有待于有心人去进一步发掘。

（三）原著揭示奴隶主社会的腐朽意识形态，巧伪奸诈的邪恶智慧，虚假欺骗的道德伦理；全盘否定君权神授，反对皇帝、皇子、皇孙世袭专政，暗示这是制造强盗头子和刽子手的体制；倡导道和道之德，要求以道治国，以道之德规范执政者的行为和施政；主张圣人执政，全篇突出圣人，提到圣人达二十八次之多，施“无为”之治达十余次。

这些理论和观点自然不容于当时那个年代，更

不容于统治者，若直言不讳，势必引来杀身之祸和九族之诛，更不可能面世和流传。为此，老子不得不对其著作进行包装和掩饰，用词隐晦、模棱、颠倒、缺漏，甚至说些疯话，作者用心可谓良苦！这些情况都让后人误解和费解，也是本书要面对的难题。

针对上述情况，本书决定采取以下途径进行编著。

（一）本书是文化发掘，不是文化考古，是对老子之道的继承和发展；寻觅人类几千年经历所留下的经验和教训。这些经验和教训是以人类的苦难和生命为代价所获得的。对此，作者不得不怀着敬畏来对待和处理，以对得起为此付出惨重代价的千千万万的人民。

老子之道的终极目的就是让人类认识自己，认识人类社会，认识物质世界，以清醒和理性来对待曾经的经验和教训，以免重蹈覆辙。

秉承上述理念作为本书编著的指导思想。

（二）古文、古语转化为现代语是一个大问题。老子原著简约、浓缩，典故和多义、多用和常自定义现象众多。一个词、一组词，或是一段文字，可以表达多种意思，同样，又可作种种解读，甚至可以演绎出一篇文章，一本论著。这是中华文化底蕴深厚之处，但又是引发分歧、争议、曲解、误解的重要原因。老子原著两千五百多年来评注解读竟达四五千部，各说各的，莫衷一是，就是实证。

为此，本书坚持以实事、实践结合原著，将原著置于史实、现实、社会万象、事物万状、人性万变之中，任何理论、学说、概念、权威、论断，统统都得接受事实和实事的验证。要使理论向实践回归，意识向存在回归，这样，才能使理论坚实，意识真实。

根据前述总结为一个原则：依法不依人，依义不依文。法者，事物本质和其规律。义者，事理，事物的客观逻辑。这里没有权威，没有凡是，也没有条条框框，“孔德之容，唯道是从”(第二十一章)，客体和客体规律是唯一的依据。

（三）本书以老子之道结合客观世界的本质和规律，自成体系。发掘古文化，不是复古，而是古为今用，使古犹今，与时俱进。“执古之道，以御今之有。”(第十四章)继承原著的实事求是和务实求真的“是”和“真”，发扬原著追求真理、服务人类的初衷和原旨。使老子之道成为开放的，活跃的，不断吐故纳新的，具有无限生命力的哲学体系。

原始哲学常与宗教为伴，而且是贵族的。老子哲学伟大之处是远离宗教，脱离贵族，向客观世界的本质和规律靠拢和回归。

哲学是一个国家和民族的灵魂，是一个人的主心骨。

有人说："假话，不能说；真话，不能全说。"而哲学就是要说真话，并且真话要全说。

以上这些理念，就是本书遵循的原则。

（四）从哲学层面对原著作了解读，并将其作为主要部分列入本书。以此，接受研究者和广大读者的审查和鉴定。

第二章　哲学观

老子哲学的起点是面对现实，有目的地寻找客观世界的真实情况，以理性对其进行汇总，以悟性进行还原和综合，进而使系统化和理性化达到最高层面的概括和归纳。

一、哲学概念

老子的哲学概念就是认识世界，排除一切干扰，客观地、理性地揭示客观世界的真谛。

“万物并作，吾以观其复。”（第十六章）这是说，要从万事万物着手，在实践中反复观察、验证事物的运动、变化和发展规律。

“孔德之容，唯道是从。”（第二十一章）这是说，要洞悉客观世界的属性和规律，只有从“有物混成”的物质中去寻觅。

“天下有始，以为天下之母。既得其母，以知其子。既知其子，复守其母，没身不殆。”（第五十

二章)这是说，从客观世界中，寻找本源。这个本源就是客观世界的母体。客观世界中的天地万物都是这个母体所衍生的子体。认识母体就是认识客观世界的共性，也是最大的共性。认识子体就是认识天地万物的特性，从共性中认识特性。哲学就是从客观世界中寻找事物特性和共性，从而揭示客观世界的真实情况。

以上引用的老子著作的原文，重点表述了老子的哲学概念。这样，或许比经典式的定义更贴切，更具有实质性和理论性。

二、物质观

老子哲学将多样的，复杂的，无限的，并处于运动、变化和发展的客观世界，看作是一个统一的，同源的，相互联系的，不可分割的完整体系。这是个虚和实共存，无和有同在，空和物相成的体系。

只看到实、有、物，认为只有实、有、物才是物质，看不到虚、无、空的存在，是极端唯物观。同样，只看到虚、无、空，认为虚、无、空是客观世界的本质，否定实、有、物的存在，是极端唯空观。极端唯物观和极端唯空观都是片面的，不完整的物质观，都不能表达物质的真实含义。

老子哲学认为，虚、无、空是物质存在的一个基本形式，是存在物质的母体。实、有、物依存于这个母体。虚、无、空和实、有、物同样具有物质的意义和属性。离开虚、无、空的物质是不存在的。同样，没有实、有、物的虚、无、空是不可思议的，也是不存在的。这就是老子哲学的物质观。

以下以老子著作的原文，进一步阐述和诠释了老子哲学的物质观。

“道可道，非常道，名可名，非常名”（第一章）。这是说，客观世界中的实、有、物的物质性是可以说清楚的，也是可以名状的；而客观世界中的虚、无、空的物质性是很难说清楚的，也是很难名状的。为什么，下文将作解释。

“视之不见，名曰夷；听之不闻，名曰希；搏之不得，名曰微。此三者，不可致诘，故混而为一。其上不皦，其下不昧，绳绳兮不可名，复归于无物。是谓无状之状，无象之象，是谓恍惚。迎之不见其首，随之不见其后。”（第十四章）这是说看不到、听不见、摸不着的部分，就是物质的虚、无、空部分。这个部分是难以深究和难以名状的，只能将其看作为一虚空体系。这个体系，其上不光，其下不暗，

浩渺无垠，深邃莫测，似有却无，似无却有，藏无形之物，显无物之象。这就是物质以空间的形式展示其存在，老子哲学称之为“恍惚”。

“谷神不死，是谓玄牝。玄牝之门，是谓天地根。绵绵若存，用之不勤。”（第六章）“谷”，表示虚空、空间；“神”，表示玄妙、莫测；不死，表示不生不灭，永恒存在；“玄牝”，表示神圣的母体；“天地根”，表示客观世界的根源。整个句子是说，玄妙、莫测的永恒存在的空间是宇宙的母体，天地的根源，万物源源生于斯，复归于斯，永不衰竭。

三、辩证观

老子哲学的辩证法，是在实践和观察中发现，又在实践和观察中应用的辩证法。由此引导出如何掌握辩证法，并去认识、去思维、去驾驭事物的发展。整部老子哲学贯穿着辩证法，尽管著作中只字未提及辩证法，但是，处处活跃着辩证法规律。在物质运动、变化和发展中显示着辩证规律。在物质本质中显示着物质的辩证性。这个发现所形成的思路和观点，奠定了老子哲学唯物辩证法的物质和理论基础。

源于实践，基于事实，又经过实践反复验证的观点和理论具有超越时空的生命力。尽管老子哲学的辩证法是原始的，朴素的，但却是深刻的，经典的，合乎科学的。

四、规律性

老子哲学认为，物质是按规律运动、变化的。“反者道之动”（第四十章）、“周行而不殆”（第二十五章），都是表示物质的往返之动、上下之动和周而复始的螺旋之动。“夫物芸芸，各复归其根。归根曰静，静曰复命。复命曰常。”（第十六章）这是说，宇宙中的万事万物都是在生与死中运动，就像地球上的生物，生于土，复归于土。“归根曰静”是说，生物死亡了，入了土，看来是寂灭了，静止了。其实不然。“静曰复命，复命曰常。”这里的静，是静而不静，是物质进入另一阶段的解体运动，从大变小，从高分子变小分子，从小分子变成元素，最后回归到物质的本体，这就是“复命”。“复命曰常”，这里的“常”是指永恒存在，是不生不灭的原始物质，也就是物质之源。

以上所有的运动、变化都是按规律进行的，这就是物质世界的规律性。

五、发展观

老子哲学认为物质是在运动、变化中按规律发展的。物质运动和变化的总方向是发展。发展同样是物质运动和变化的规律。“道生一，一生二，二生三，三生万物。”（第四十二章）这里明确提出，物质是从单体到复体，个体到集体，简单到复杂，初级到高级，最后出现天地万物。这和现代科学完全接轨。物质世界从夸克（或称层子、部分子）到粒子（电子、质子、中子、光子）；从粒子到原子；从原子到元素；从元素到化合物，这些仅仅是无机进化。从碳元素开始，在一定条件下出现有机进化，有机进化的结果就是生命的产生。

“合抱之木，生于毫末”（第六十四章）、“人法地，地法天，天法道，道法自然。”（第二十五章）这是对物质世界发展来龙去脉的揭示，其中包括人类在内都是物质发展而来的。

六、哲学的基本问题

老子哲学不只是对智慧的爱好，也不仅是对宇宙奥秘惊叹的追问，更不是像德国诗人诺瓦利斯所说“哲学就是怀着一种乡愁的冲动，到处寻找家园”。老子哲学最重要的是要追索客观世界的真谛，从而认识人类，认识人类社会，找出规律。以此为人类所用，服务于人类，造福于人类。

因此，老子哲学要解决的基本问题是：

（一）哲学要揭示客观世界的真实情况。能否如实揭示客观世界的真实情况决定着哲学的正与误和哲学的应用价值。只有建筑在正确和如实反映客观世界真实情况上的哲学，才有可能成为真正的哲学和有用的哲学。

“致虚极，守静笃。万物并作，吾以观其复。”（第十六章）这里强调两点：其一，锁定哲学探索的客体是独立存在的、不以人们意志为转移的客观物质世界，也就是“万物并作”的世界。其二，排除一切内在和外在的干扰。要求一尘不染，虚怀若谷，不带感情，不带情绪，更不能先入为主，先期定调。在实践中反复观察，身临其境，在与物的互动中去观察。目的只有一个，获取真实的一手资料。

（二）观察和探索的客体，应该是全面的，整体的，系统的，全过程的，而不是片面的，局部的，分割的，断层的和瞬间的。尽管在观察过程中，只能从片面到全面，从部分到整体，从有限到无限，从瞬间到全程，但是，哲学要求的认识，是整体的、全方位的，是动态的、全过程的，是超时空的完整体系。

（三）老子哲学的根本目的是落实在应用上。力图将哲学引向世界观、人生观、价值观、政治观、人权观、战争观等等与人类命运攸关的领域。不当的哲学观将给人类带来无穷的灾难。英国哲学家罗素在其著作中写道："卢梭时代的到来，自认为改革派有二：一是追随卢梭；一是追随洛克。希特勒是卢梭的一个结果；罗斯福则是洛克的结果。"前者给人类带来了空前的苦难。

因此，正确的哲学导向关系着一个国家和民族的兴旺和衰败、生存和毁灭。

第三章　物质论

物质是客观存在，人类也是客观存在，后者是从前者演化发展而来的。人类认识物质，说明物质已经发展到物质可以自己认识自己的时代。

老子哲学对物质的认识，已超越狭隘的唯物观，是放眼客观世界，从“有物混成”(第二十五章)的原始物质，到琳琅满目、光怪陆离的现实世界。这个现实世界，横亘百万万年的漫长岁月，历经难以想象的种种演变，而今，依然永不停息地在演变着。这一切的一切都是物质在客观世界的体现，是过程，是永恒的瞬间。老子哲学对此描述道：“道可道，非常道。名可名，非常名。”(第一章)这是说，看得见、听得到、摸得着的存在世界是可以说道的，也是可以名状的；而看不见、听不到、摸不着的永恒世界是难以说道的，也是难以名状的。但是，这一切的一切都是物质。

一、物质的概念

老子哲学以道代表物质，用物质表述道。道，源于自然，“道法自然”（第二十五章）。自然是法尔如是，自然而然，本来就是这样，是时空的无限，是存在的终极。道、物质就是时空无限和存在终极在客观世界的体现。

“有物混成，先天地生，寂兮寥兮，独立而不改，周行而不殆，可以为天下母。”（第二十五章）这里明确界定，物质是天地万物的母体，是独一无二的存在，是永不停息的动态体系。从而可以总结出：物质是一个唯一的、独立的、统一的、完整的永恒动态客体。

二、物质的内涵

老子哲学认为物质的基础是空间。空间是浩渺无垠、无边无际、大到无外、小到无内的存在客体。物质的本质是能量，能量的聚集是质点。能量和质量深藏于空间。能量、质量和空间，三位一体，共同构成一个物质体系。这个物质体系就是物质的内涵，也是物质的最原始构成。

然而，现实世界的物质内涵却是无限多样和极其复杂的，不过，不管如何多样和复杂，万变不离其宗，统统都是原始物质的化身，都是能量、质点和空间演变而来的衍生物。

以下以老子著作原文佐证前述。“无名，天地之始。”（第一章）无名，指无法名状的虚空，亦即如恍如惚的空间。这个恍惚的空间，就是天地之始、宇宙之源。

“道冲，而用之或不盈，渊兮！似万物之宗。”（第四章）道，指的是物质。冲，虚空的意思。用之，表示其功用、功能；不盈，是指无限空间，永远不会充盈堵塞。整句的意思是：物质以其浩渺无垠的无限空间，包容和容纳客观世界的一切。

“谷神不死，是谓玄牝。玄牝之门，是谓天地根。”（第六章）这里明确指出，永恒的不生不灭的玄妙莫测的虚空（谷神）是宇宙的母体（玄牝），天地万物都生于斯，复归于斯。

“视而不见，名曰夷；听之不闻，名曰希；搏之不得，名曰微。此三者不可致诘，故混而为一。其上不皦，其下不昧，绳绳兮不可名，复归于无物。是谓无状之状，无物之象，是谓恍惚。迎之不见其首，随之不见其后。”（第十四章）这里描述物质以恍恍惚惚的虚空状态出现，不光不暗，似有若无，似无若有，深不可测，这就是物质的内涵。这个物

质内涵是看不见、听不到、摸不着，迎之不见其首、随之不见其后的物质存在，是没有形状的物质形状，没有实物的物质现象。

“道之为物，惟恍惟惚。惚兮恍兮，其中有象；恍兮惚兮，其中有物；窈兮冥兮，其中有精，其精甚真，其中有信。”（第二十一章）这里明确点出，如恍如惚的空间中，蕴藏着象、物、精和信。象和物是指若隐若现的质点。精是指能量。信是指质点和能量的动态规律和给出的信息。

“道者，万物之奥。”（第六十二章）道，这里指空间，是物质存在的一种形式。奥，即澳，指可供船舶停靠的港湾。全句的意思是：物质的无限空间是承载宇宙万物的场所。

三、物质的属性

只有把客观存在的世界看成是一个唯一的、独立的、统一的完整客体，这个客体的本质就是物质。这样，才能如实地认识物质的属性。

（一）永恒性、守恒性和无限性。

这是物质的第一属性，纵观、横观、宏观、微观都可以证实这个特性。

"天长地久。天地之所以能长且久者，以其不自生"(第七章)、"谷神不死，是谓玄牝"(第六章)、"寂兮寥兮，独立而不改，周行而不殆"(第二十五章)、"绳绳兮，不可名"(第十四章)，等等，以上是老子哲学原著对物质属性的描绘。

(二) 运动性。

物质的本质是运动，永不停息的运动。这是物质的主要属性，由此，引导出物质许许多多的其他属性。没有物质的运动就没有物质的变化，也就没有物质的时空属性。运动构成物质，运动统一物质，运动使物质形成一个有机的、不可分割的结构体系、信息体系和自控体系。

(三) 辩证性与辩证规律。

辩证性是物质结构的属性，辩证规律是物质运动、变化的规律。

一切物质及其所衍生的一切事物都是一个对立的统一体。虚实同在，有无共存，空物相成，由此，构成无穷无尽的事和物。这就是物质结构的辩证性。

物质运动、变化的辩证规律表现在物质内部对立面的转化上，这个转化有换位转化、量变与质变的转化、否定与肯定的转化、分离与结合的转化。

"有无相生"(第二章)，"有生于无"(第四

十章)，“祸兮，福所倚；福兮，祸所伏。……正复为奇，善复为妖。”(第五十八章)这些都是老子哲学对事物运动变化辩证规律的阐述。

(四) 发展性。

物质在运动、变化中总是朝着发展方向迈进，这就是物质的发展性，或称物质发展规律。

物质从无机进化、有机进化到生物进化，历经百万万年漫长岁月的演变，从原始“有物混成”(第二十五章)的物质发展到星系世界、人类世界，最后出现精神世界。这些都是物质发展的结果。

物质的发展从单个到多个，从个体到集体，从单种到多种，从泛化到专化，从简单到复杂，从低级到高级，从有限到无限，“绵绵若存，用之不勤”(第六章)。

物质的发展包括物质在“周行而不殆”(第二十五章)的循环运行中，趋向共存、适应、和谐和统一。“天得一以清，地得一以宁，神得一以灵，谷得一以盈，万物得一以生；侯王得一以为天下正。”(第三十九章)

物质的发展规律是发生论、进化论的理论根据。老子两千多年之后，俄国科学家伏尔夫阐释了发生论；德国自然哲学家奥铿在《自然科学纲要》中论述了进化观；法国自然科学家拉马克在《动物哲学》中提出生物进化学说；俄国胚胎学家拜尔具体论证了生物进化；最后英国科学家达尔文的《物种起源》，以物质发展观奠定了“进化论”。上述这些史实都在诠释和证实着物质的发展性是事物发生、发展和进化的根本原因。

（五）未知和不可知的属性。

“在哲学史上，每个哲学家都自认为自己把握了真理，自己的哲学是真正的哲学，只有自己才真正把握了哲学的真谛，而以前的哲学都是错误的，至少是不完备的。”（宫玉宽：《哲学原理研究》，中国民族出版社2007，第2页）

老子哲学不是这样的。它首先承认：物质的属性并没有被全部知道，还存在着未知和不可知部分。哲学是建立在已知的物质属性上，对于物质未知和不可知部分，还要继续探索，追求更高的未知和不可知属性。在知道的物质属性中还存在着不知道部分，人类永远要从不知道中找知道，从知道中找不知道，永无止境。

老子哲学肯定物质深、奥、奇、妙的未知和不可知属性，称之为“玄之又玄，众妙之门”。但是，再深奥，再奇妙，都是物质属性。老子哲学并没有将其超物质化，神秘化，神灵化，也没有将其归属于“绝对精神”，或是“宇宙理性”。

第四章　本体论

本体论是老子哲学的核心篇章，也是最精华部分。老子哲学对客观世界的终极根据和终极解释作出经典的归纳和诠释。其意义在于本体的概念切入了存在世界的真实本质，达到存在与本体、本体与认识，存在与逻辑、逻辑与本体的统一，使本体观具有超时空的内涵和永恒的演绎价值。

老子哲学聚焦客观世界，放眼无限太空，排除一切影响和干扰，不信天上和人间的任何权威，从而提出“孔德之容，唯道是从”（第二十一章），明确表示，要洞悉存在世界的属性，只有从物质中去寻觅。

一、本体概念

老子哲学的本体概念是指存在世界的终极根据和究竟所在，天地万物生于斯，存于斯，复归于斯。后者有生有灭，前者无生无灭，不增不减，永恒存在。

“谷神不死，是谓玄牝。玄牝之门，是谓天地之根，绵绵若存，用之不勤。”（第六章）这里指的就是永恒的、不生不灭的本体；天地的根本，万物的母体，可以无限延续，永远也不会衰竭。

老子哲学将“无”和“空”看作是原始物质，是物质存在的一种形式，是本体的物质基础。这个观点，无限地扩展了老子哲学的视野和内涵，使认识与存在趋于统一。

二、本体的内涵

本体就是原始物质。老子哲学的本体内涵来自对客观世界和天地万物的实践和观察的总结和归纳，不是人类头脑的产物。

“有物混成，先天地生。”（第二十五章）“有物混成”就是本体的内涵。按老子哲学辩证逻辑解读，“有无相生”（第二章）、“有生于无”（第四十章）。本体就是“有”和“无”共存、“空”和“物”相成的对立统一体。本体是以“无”和“空”为基础，以“有”和“物”为表现形式的混合统一体。本体是独一无二的、独立存在的原始物质。“寂兮寥兮，独立而不改。”（第二十五章）这个原始物质是永恒不变的，这便是唯物论的一元论。

三、本体的原文诠释

“有物混成，先天地生。寂兮寥兮，独立而不改，周行而不殆，可以为天地母。”（第二十五章）

首先，认定“有物混成”是天地之始，万物之母，是客观世界的原始物质，是物质世界的本体。其次，肯定本体是独一无二的、独立存在的、运动不息的永恒存在体系。

“谷神不死，是谓玄牝。玄牝之门，是谓天地根，绵绵若存，用之不勤。”（第六章）

“谷神”表示本体是以玄妙莫测的虚空形式存在的，是天地万物的神圣母体。天地万物都从这里产生，绵绵不绝，永不枯竭。

“视而不见，名曰夷；听之不闻，名曰希；搏之不得，名曰微。此三者不可致诘，故混而为一。其上不皦，其下不昧，绳绳兮，不可名，复归于无物。是谓无状之状，无物之象，是谓恍惚。迎之不见其首，随之不见其后。”（第十四章）

这是对本体状态的描述。本体是一个看不见、听不到、摸不着的，难以深究的，“混而为一”的统一体。这个统一体不光不暗，浩渺无垠，深不可测，无法名状；是无状之状，无物之象，似有却无，似无却有，这就是本体存在的一种形式，称之为“恍惚”。这里的“恍惚”指的就是空间，向着它，见不到它的容貌；随着它，看不到它的背影。

“道之为物，惟恍惟惚。惚兮恍兮，其中有象；恍兮惚兮，其中有物；窈兮冥兮，其中有精，其精甚真，其中有信。自古及今，其名不去。”（第二十一章）

这是对本体微观内涵的描述。本体以虚、无、空的恍惚状态出现，而虚、无、空却是虚中有实，无中有有，空中有物。这些实、有、物就是象、物、精、信。象、物，表示物质的质的显示和存在；精、信表示能量和其动态规律的存在。这些存在“自古及今，其名不去”，这是说这些存在是永恒的，不变的，自古到今都是这样。

四、本体的现代诠释

老子哲学的本体观达到存在与认识的统一，本体与存在的统一，从而使本体观有可能用现代科学语言进行诠释。

老子哲学的本体是对物质世界根源的哲学总结和归纳，是基于事实而高于事实；用现代语言来

说，是基于科学而高于科学。后者具有更广阔和更开放的演绎性。

老子哲学的本体是一个多因子共存的、互变的、不可分离的、有机的完整统一体，是独一无二的、独立的、多元归一的物质体系。

这个原始物质体系包括空间、能量和质点，三位一体相互依存，相互转化，缺一不可，永不分离。现分别简介如下，可作为老子哲学本体论的演绎和充实。

（一）空间。

空间是物质存在的一种形式，是物质存在的基础，是构成物质不可缺少的主要部分。离开空间，就没有物质，就没有运动，就没有时间。时间是质点在空间中运动的属性，空间是前提，是基础。

空间的无限性、包容性和永恒性，使物质与自然统一，融为一体，故曰“道法自然”。（第二十五章）

现代科学证实，空间的无限性达到不可思量的境地。已知最远的天体离地球达 134 亿光年。空间蕴藏着上千亿个像银河系大小的星系。一个银河系就有两千多亿个像太阳系大小的星系，而地球只是太阳系中一个小小的行星。

以上是从宏观看空间。若以微观看空间，就会发现现实世界中人们见到的、听到的、摸到的实实在在的物质，其实百分之九十九以上是场化了空间。公认为实体的原子，其实，是一个空旷虚无的空间，其质点只为原子体积的十万分之一。原子的直径为 10^{-10} 米数量级，而含粒子的原子核直径小于 10^{-15} 米数量级。原子核之外就是渺小的太空，除了原子轨道和电子云外，就是“场”化的空间。

空间中布满“场”，如电场、磁场、力场。场，同样是物质存在的一种形式。场本身有能量、动量和质量，而且在一定条件下，可以和粒子相互转化。

（二）能量。

能量是物质存在的一种形式。它与质点和空间是不可分离的统一体。质点和空间都是以能量显示其存在。具体说，粒子是以波动、引力、斥力的形式出现。

从另一角度来看，质点和空间是能量的载体，能量蕴藏于粒子和场中。能量使粒子运动，能量使空间出现电磁场、引力场。反之，能量又是质点和空间的化身。粒子是能量的浓缩体。空间是泛化趋于零的能量。

（三）质点。

质点是本体的核心部分。质点以粒子形式出现，粒子是构成原子和元素的基本单位。但是粒子并不是最原始物质。粒子是由夸克(或称层子，又称部分子)组成的。已知粒子达 300 多种，其中 200 多种为寿命极短的($<10^{-20}$ 秒)共振态粒子，能够探测出来的基本粒子只有 35 个。

一切粒子都具有波粒二象性。这个属性和光子一样，在于涉、衍射、偏振这些现象上显示光子的波动性；在涉及能量，如黑体辐射、光电效应等问题上，光子显示微粒性。

粒子和能量是分不开的。根据爱因斯坦的质能联系定律：

$$E = mc^2$$

1 克(质量)$=9\times10^{20}$ 尔格(能量)

说明质量和能量存在本质的关系。

老子哲学将原始物质描述为“象”和“物”，而现代科学将粒子描述为波粒二象性。前者是原始朴素的哲学概括，后者是科学高度发展的揭示。两者并无矛盾。

第五章　认识论

“致虚极，守静笃；万物并作，吾以观其复。”(第十六章)“孔德之容，唯道是从。”(第二十一章)这是老子哲学认识论的基本立论,可以概括为四点:

(一) 首先肯定客观世界是认识的根源，“万物并作”指的就是客观世界。“孔德之容，唯道是从。”这是说认识只能从客观世界中去寻觅，不能从人类大脑中去寻找。认识不是天生就有的。

(二) 强调实践是取得认识的唯一途径。“观其复”，是要求在实践中反复观察、反复验证。认识是从实践中得来的，还要回到实践中去证实。这样，才能取得真正的认识。

(三)“致虚极，守静笃”，要求观察者虚怀若谷，一尘不染，平心静气，专心致志于客观世界，严防认识中掺入杂质。

(四) 哲学的认识是超越自发的认识，是有目的、有计划、能动的自觉认识。主体在认识过程中不是单纯的摄影机、录像机、录音机、记录仪，而是与客体互动中去认识客体。“万物并作”，是指主客体在互动、并作中，主体自身也将被作为客体进行观察。

认识是人类在生存活动中对客观世界所产生的在人类大脑中的主观意识世界。这是一个极其复杂的过程，总的原则是：存在决定意识，意识反映存在。但是，认识有深有浅，有片面有全面……人类意识的差异和偏离又将反映出种种不同的主观世界，这就是现实世界中，许许多多争论不休、各说各的根本原因。存在世界的多样性、复杂性、易变性和无限性又将引导出五花八门、难以统一的种种意识和认识。哲学史上，有多少哲学家就有多少哲学，就是例证。因此，人类自身，包括哲学家在内，同样有必要被作为客体进行观察和认识。

从哲学层面来看，认识不是印象、不是感觉、不是感想，也不是感悟。认识是对客观世界全面的、动态的、纵横的、溯源的，从微观到宏观、从瞬间到永恒的本质了解、悟解和掌握。为了达到这个目的，不得不从方方面面着手，直接的和间接的，实践的和理论的，局部的和整体的，横向的和系统的，直达的和反馈的，瞬间的和永恒的，形式的和本质的，从而使认识达到源于客观世界而高于客观世界。

后者在于掌握客观世界的元素和规律、原态和现态、现象和本质、运动和变化、前因和后果、形而上和形而下，其终极目的是达到存在与认识的统一。

一、认识的本质

认识的本质是物质发展到物质自身可以认识物质自身的高度。

“人法地，地法天，天法道，道法自然。”（第二十五章）。这个来源于天地、自然、物质（“道”）的人类，可以“常无，欲以观其妙，常有，欲以观其徼”。（第一章）这是说，人类可以从虚无的太空中，观察物质世界产生的奥秘，又可以在天地万物的实有中观察存在世界的千差万别和来龙去脉。具体说，认识是存在转化为人脑认识的过程和结果，是客观世界在人类大脑中的表达和描述。这个表达和描述是否符合客观世界的真实情况，是检验一切认识的水平和深度及正确与否的标准。换句话说，任何认识，任何人脑中对存在的表达和描述都要回到客观世界中，用实践进行检验和证实。

人类的认识通常是在不断实践中获得，又在不断实践中进行验证的动态过程。这就是认识的相对

性。中国有句俗语“活到老，学到老”，这是说，整个人生过程，都处在不断认识、深化认识的进行状态中，没有止境，直到生命的结束。

二、认识的主体

认识的主体是人类，人类靠眼、耳、鼻、舌、身和大脑来认识客观世界。由于主体的能动性和积极性，人类创造了辅助认识和贮藏认识的种种仪器和记录手段。望远镜、显微镜、电镜、红外、X 射线、核磁共振、质谱等等，都是扩展视野和深入观察的具体措施。文字和书籍的出现为记录和贮藏认识创造了条件，使认识可以超越时空进行传播；同时，使个体认识可以转化为群体认识和社会认识。以上的过程，是经过数千年的发展延续至今，并将不断发展下去。

人类的感官功能是有限的，视力局限在 400 毫微米～700 毫微米(可见光)，听力局限在 16 赫兹～20000 赫兹(可听音频)。但是，人类的大脑具有巨大功能，在认识过程中起到决定性的作用；认识主体的能动性和积极性统统来源于大脑。

人类大脑的高度发达是人类有别于动物并产

生思维和精神的根本原因；认识是在人类大脑主导下完成的。

三、认识的客体

老子哲学将认识的客体分为两大部分、三个世界：天道，即物质世界；人道，即人类世界和精神世界。

物质世界包括原始物质和天地万物。原始物质就是物质的本体，是天地万物之源，是客观世界的终极基础。天地万物就是无限太空和无数星系。星系中又存在着无数大、中、小的星系。像银河系这样的大星系，已知的已达 1000 余亿个。银河系中又有 2000 多亿个太阳系大小的星系。这个物质世界是“寂兮寥兮，独立而不改，周行而不殆”（第二十五章），是唯一的、独立的、永不停息地运行着的物质体系。

人类世界，具体说，就是人类生存在地球上的这个世界。这个世界有 109 种已知元素，其中 94 种元素是自然存在的，15 种元素是人工制备的；有 40 多万种植物和 150 多万种动物；人类是这个世界的主体。人类的复杂多样，使人类世界变得越来越扑朔迷离。

精神世界，这是认识客体中最复杂、最难认识的部分，也是认识主体中最活跃、最关键的部分。智慧就是产生于精神世界。这个世界是双刃剑。“智慧出，有大伪”（第十八章），这是说，智慧可以为野心家、阴谋家出谋划策，算尽机关。“知人者智，知己者明。”（第三十三章）“圣人常无心，以百姓心为心。……圣人在天下，歙歙焉，为天下浑其心。”（第四十九章）这是说智慧又可以帮助人认识他人，认识自己；成为圣人，成为伟大人物，选择舍生取义，忘我奉献，达到“不失其所者久，死而不亡者寿”（第三十三章），名垂千古，成为后人永远念念不忘的历史巨人和人民领袖。

四、认识的规律

老子哲学确定了物质世界发展的有序性。从本体到天地万物，直至人类的出现，先后有序。“人法地，地法天，天法道，道法自然。”（第二十五章）同样，在认识论中确定认识是从客观世界开始。认识的对象是客观世界，天地万物包括人类在内都存在于客观世界，这是认识的根源和起点。先后有序，认识是继生的。

认识是从不知道开始。“知不知，尚矣。”(第七十一章)这是说,对于客观世界的认识是从不知道到知道。主体对客体原来是一无所知的。认识不是人类头脑中固有的东西，不是先天的，而是后天获得的。

以上两个观点厘清和理顺了人类认识过程的先后和程序。这也是几千年来中外哲学家一直争论不休，直到如今余波未息的问题。

实践是认识的起步，由此，认识进入进行状态。人类的一切活动都可以归属为实践。人类在实践中认识客观世界。婴儿从吃奶开始，认识妈妈；饿了就啼哭，妈妈就给喂奶；之后，婴儿就用啼哭发出信号要求妈妈喂奶。这是一个最简单的从实践到认识，从认识萌发经验的过程，也是神经系统产生条件反射的结果。对于人类来说，这个过程是感性的，是认识的起步，算不上完整的认识。但是，从神经系统来看，这是认识的基础。在此，神经系统已经显示出，接收信息，贮藏信息，分析信息，连接信息，并作出反应，发出信息。这些都是认识的物质基础，是人类和其他具有神经系统的高等动物的共有属性，人类称之为感性认识。

从感性认识到理性认识是人类独有的认识能

力。理性认识是经过人类大脑皮层处理过的认识。从这里开始，认识主体出现主动的、积极的、有目的的、与客体互动的认识活动，这些活动都是在人类实践中完成的。

人类的理念、思想、意识和经验都是以理性认识为基础的。理性认识源于感性认识，而感性认识是从不同的认识主体与多样复杂的认识客体在一定时空中形成和产生的。具体说，不同的人，在不同的环境、不同的条件、不同的状态和不同的时间对相同的客体会产生种种不同的认识，这就是感性认识的多样性、局限性和狭隘性。由此导出的理性认识必然是不全面的、不完整的，甚至是失真的。这是造成人们理念、思想、意识和经验千差万别的根本原因。人类称之为理性认识，实际上是已被感性认识打了折扣的认识，也就不那么理性了。

为此，老子哲学强调 “万物并作，吾以观其复”(第十六章)。万物，指整个客观世界。并作，要求参与到万事万物运动变化中去。吾以观其复，要求在不断实践中反复观察事物的运动和变化，以此扩展视野和时限，打破感性认识的局限性和狭隘性。从多样的感性认识中认识客体，从而达到较为完善的理性认识。

第六章　价值观

老子哲学立足于人，从广大人民和全人类的立场认识和评估一切存在事物的价值。将价值的主体锁定在广大人民和全人类上。一切客体的价值以是否符合广大人民和全人类的利益和需求来判定。因此，老子哲学的价值观是人类世界的基本价值观，是全人类价值观。在人类世界中，这个价值观具有超时空和永恒的意义。它将整个人类，不分肤色，不分种族，不分国家，不分信仰，不分贵贱，不分贫富统统纳入价值的主体。任何客体都得根据是否符合这个主体的利益和需求来评定其价值。因此，这个价值观是人文领域最高的，也是最基本的价值观。

这个价值观显示和贯彻在老子哲学的方方面面，概括如下。

一、哲学的价值

老子哲学的目的在于应用，应用的主体是人，是人类。离开人、离开人类谈哲学，哲学就失去了存在的物质基础，更谈不上意义和价值。老子哲学

以“道”为核心，而“道”是以为人、为人类所用而显其意义和价值。“道之尊，德之贵，夫莫之命而常自然。故道生之，德畜之，长之育之，成之熟之；养之覆之。生而不有，为而不恃，长而不宰，是谓玄德。”(第五十一章)这里明确指出“道”的尊与贵，是对人类而言的。生而不有，为而不恃，长而不宰的无私、无欲、无争、无妄的属性是“道”的最大价值，也是人类最高的道德标准。这个标准是超时空的，永恒的。

老子哲学将价值观用道德标准来衡量，使价值观上升到人类理性和良知的至高水平。

二、人类的价值

老子哲学将人、人类提高到“道”的水平来认识。“故道大，天大，地大，人亦大。域中有四大，而人居其一焉。”(第二十五章)把人与天、地、道看作是同样伟大的。“人法地，地法天，天法道，道法自然。”(第二十五章)人是道衍生出来的，是物质高度发展的产物，是宇宙之精华，是万物之灵长。人的价值在于人类有思想、感情和智慧，但是，这些价值只是人类生命的价值。人类能与天、地、道相提并论的价值是人类的理性和良知。只有理性和良知才能使人类正确认识人类自身，像道一样对待人类，人类才能像道一样可尊、可贵；否则，人类就有可能自相残杀，相互争斗，战争不已。老子哲学总结人类数千年的战争史实，说明了这一点。

上述揭示，人类既是价值的主体，又是价值的客体。只有全人类维护自身的利益和需求，才能使全人类的利益和需求得以实现。换句话说，人类既是人类利益和需求的维护者，又是人类利益和需求的破坏者。这就是老子哲学价值观的辩证法。

三、个体的价值

个体只有为整体的利益和需求付出和奉献时，才能实现个体自身的价值，并在整体中分享自身的利益和需求。

圣人之所以成为圣人，是由于“圣人常无心，以百姓心为心”（第四十九章）、“是以圣人后其身而身先，外其身而身存，以其无私，故能成其私”（第七章）。圣人追求的是全天下的利益和需求，并以此作为自身的利益和需求，以无私的付出和奉献实现圣人自身的价值。“圣人不积，既以为人己愈有，

既以与人己愈多。”（第八十一章）这是说，圣人为人民做的好事越多，付出的心血越多，圣人的价值就越大。

老子哲学为了阐明和强调价值观，特以圣人为例，修道为名，期待以此培养出品质纯洁、人格高尚，能为人类、为广大人民挑重担，敢担当，无私奉献的人民领袖。短短五千言，出现“圣人”之处达二十八次之多，这是多么深切的期望！

四、上层建筑的价值

老子哲学的价值观，大胆挑战和批判只为统治者和少数贵族服务的上层建筑，揭示建立在私有制基础上的上层建筑，充满虚伪和欺骗。强调道德、仁、义、礼、智、信以及一切文化艺术都得根据其是否符合广大人民和全人类的利益和需求而决定其价值，脱离和违背广大人民和全人类的利益和需求的道德、仁、义、礼、智、信以及一切文化艺术都是没有价值甚至是有害的。“绝圣弃智，民利百倍；绝仁弃义，民复孝慈；绝巧弃利，盗窃无有。”（第十九章）“故失道而后德，失德而后仁，失仁而后义，失义而后礼。夫礼者，忠信之薄，而乱之首。”

(第三十八章)这里指的道德、仁、义、礼、智、信是以少数统治者为价值主体，为统治者文过饰非，装潢门面，完全背离了广大人民及全人类的利益和需求。因此，这些道德、仁、义、礼、智、信只是统治者和贵族们的遮羞布，不但失去其价值，而且危害人民，败坏社会，伤风害俗，导致廉耻缺失，忠信全无，盗窃蜂起，人心转恶。天下大乱，从此开始。

五、价值的最大化

老子哲学价值观不同于任何价值观，不是追求利益的最大化，而是追求受益者的最大化。这是超时空的观点。在当今进入开放、跨越国界的全球化时代，这个价值观尤其显示其重要的意义。人类命运是个共同体。一个民族、一个国家在当今世界里已经无法独善其身，死抱自身利益不放的国家，其生存环境将越来越狭窄，最后必将自我窒息而亡。

根据老子哲学价值观，全世界只有把全人类的利益和需求作为价值的主体；同样，全人类只有把全世界的利益和需求作为价值的主体；使价值的受益者最大化到全人类、全世界；这样，天下才能太平，社会才能发展，世界各族人民和各个国家才能共享国泰民安和共同繁荣。

用老子哲学价值观来观察和分析不同事物和各种思潮，将使人们头脑清醒，不会迷失方向，更不会随俗起哄。以现代倡导的平等、自由、民主为例，这是多么美好的理想和追求。许多仁人志士为此抛头颅，洒热血。但是，当争取到政权后，有的却图穷匕见，只剩下少数人的平等、自由、民主，广大人民仍然没有平等、自由、民主。从这里可以看出，老子哲学的价值观是追求受益者最大化的价值，这才是真正的价值，否则，就是骗人的把戏。“民之难治，以其智多。故以智治国，国之贼；不以智治国，国之福。”（第六十五章）这里无情地揭示，那些打着美好旗号的政治团伙，追求的是他们自身利益的最大化，以邪恶的智慧，玩弄政治魔术，欺骗广大黎民百姓，这样的社会和国家能好吗？

纵观老子哲学的价值观，犹如拨开乌云看到一片晴朗太空。以最广大人民和全人类为价值主体的价值观是如此光辉无际。回过头来再看看两千五百多年来，中外许多哲学家提出的种种价值观，才知道什么是登泰山而小天下。尽管老子哲学的价值观是原始的，朴素的，但却是经典的，科学的，超时空的，具有普世意义。

老子哲学价值观的普世意义，在于能够引领人类，不分肤色、种族、国家、信仰、贵贱和贫富，相互关爱，和睦共处，珍惜生命，尊重人权，构筑永无战争的太平盛世。

第七章 人性论

从老子哲学可以引导出一个崭新的人性论。人性既有其自然属性，又有其社会性和阶级性。两千五百多年来，中外哲学家都在探讨人性，争论人性，至今仍然莫衷一是。有的强调自然属性，提出：人性本善或人性本恶。有的强调只有社会性和阶级性的人性，否认人性的自然属性和物质本性。前后两者都忽视了哲学的一个基本法则：外因通过内因才发生变化，内因通过外因才能表达。石头是孵不出小鸡的。这只是一个简单的比喻，人性远比这个比喻复杂得多。

一、人性概述

人性问题是跟随人类出现而必然产生，并为人类所关注的重大问题。人性关系着人类的生活、生存、家庭、社会和国家的方方面面。其效应是多样的，有正有反，有治有乱，有善有恶，有成有败，有祸有福；其情况是极其复杂的，其形成是多因素的。

历朝历代的智者精英，古今中外许多哲学家都想以善恶来概括人性，结果都未能切入实际，常常造成许多误导。

人性是因变数，不是自变数，是许许多多变数的因变函数。如果以正、邪、善、恶来表示人性的话，正和邪、善和恶都处于极端，不能真实代表人性。换句话说，人性是以概率状态出现，是一个钟形正态分布。正和邪、善和恶处于正态分布的两个极端，是少数。就像六十四卦中的乾卦和坤卦，各自只有一个。正和邪相混、善和恶共处是多数，是钟形分布的峰值中段。这个峰值中段又将受到现实存在的种种因素所左右而发生偏移。

老子哲学对人性的认识是从实践开始，从现实世界中观察人性，从人类历史史实中观察人性。具体说："以身观身，以家观家，以乡观乡，以国观国，以天下观天下。"(第五十四章)也就是说，从自身的生活中，家庭的相处中，社会的万象中，国家的体制中，天下的治、乱中观察人性。这里是人性赤裸裸和充分表达的地方。从这里总结出的人性，有可能获得人性的近似值；离开具体人群和具体生存环境谈人性，都是水中捞月，是得不到要领的。

二、人性的形成

人性是人类的属性，而人类是物质高度发展的产物。“人法地，地法天，天法道，道法自然。”(第二十五章)这个人类的族谱，一脉相承，明确清楚。人类的物质属性决定着人性的物质属性。从物质属性着手认识人性，这是实事求是的选择，也是正确的导向。人性不是现成的，不是既定的，也不是某种力量塑造的。

人性在动态中产生，动态中形成，又在动态中发展。人性是一个开放体系，方方面面和种种因素都在影响着人性。

人性的形成是在人类生物性和生理性的基础上，从动物性向人性的演化过程。这个过程是在人类进化中进行、发展和成形。其中包括人类自身个体的进化、人类群体的进化、人类社会的进化和人类生存环境的进化。这些进化错综复杂地决定着、影响着、干扰着人性的形成。因此，人性不是固定的，而是变化的，是可塑的。由此产生的人性具有无限的多样性。古往今来，许许多多作家笔下的人性被描述得淋漓尽致，从莎士比亚到巴尔扎克，从雨果到托尔斯泰，从曹雪芹到老舍，都可以为此佐证。人性发展的总趋势是向上的，向好的，是在不断地向理性和良知摆动。

不管怎样说，人性都是一个模糊概念，是处于0～1的模糊数学范畴。就人类自然属性而言，人性本身就是源于动物而又不同于动物的各种属性的总称。这个总称是概括和范畴的界定，不是总和。如果说这是总和的话，也不过是一个混杂的不同单位的模糊总和。

三、人性的物质基础

老子哲学“人法地，地法天，天法道，道法自然”(第二十五章)明确揭示，人、地、天、道和自然都是物质世界。自然是物质世界的起源，人是物质世界的末端或是高端产物。人类的属性就是这个系列发展产物的属性。因此，人性的物质基础是人和人所存在的物质世界。

首先，人是决定人性的第一个物质基础。人性是人类漫长进化过程的产物。人不但在外表和形态上不同于动物，在内在本质上，也有别于动物。尤其人类大脑皮层的高度发达，给人性的可变性和可塑性提供了无限发展空间。人类的这些属性都被刻录在人类遗传基因里，世代相传。这是人性的共性。

其次，人类的生存环境是决定人性的根本物质基础。这个基础不但决定着人类的机体，还决定着人类的精神。人类的生存离不开环境。人性既反映着人类的生存环境，又影响和决定着人类的生存环境。所谓人类生存环境是人性化后的人类世界。

人类的生存离不开人类的群体。因此，人类自身也是人类生存环境中不可或缺的客体。人性的社会性和人性的阶级性，其根本之源不是天地万物或是山河大地，而是想要夺取天下，控制山河大地，包括人群在内的人类自身。

所谓“大道废”(第十八章)就是天下为公的天下，被一小部分人所夺取，并占为己有。由此，导致私有制产生，人群开始分化，社会开始分层，阶级开始形成。人的社会性和阶级性就是从这里产生的。

四、人性的发展

人性是伴随着人类的进化而产生和发展的，是从动物性向人性发展的动态过程。这个过程是属于自然的、生物学进化过程，也是动物的兽性向人类的人性的演化过程，这个过程历经百万年以上的漫长岁月。

作为人类自然属性的人性是在出现思维的人类群体中发展起来的。它不同于只有简单条件反射的动物群体，人类是有思想，有感情，有理性，有良知的，可以思考，可以反思，进而可以出现智慧。这些属性都在辩证地、反复地促进兽性向人性发展，尽管这些发展是渐进的，缓慢的，常有反复的。但这是物质发展的必然趋势。

老子哲学聚焦于“道”与“人”。道，属于物质世界，人，属于人类世界。人性产生于人类世界，人类世界的本源是物质世界。因此“道”和“人”决定着人性的发展。

（一）人类自身的特点。

人，是指具有生物性和生理性、又具有思维和感情的高等生物，是宇宙之精华、万物之灵长。劳动使人类躯体分工，手脑并用；创造性的劳动使人类改变了人类的生存环境；人类在劳动中改造了自己，又改造了客观世界。

人类的生物性和生理性表现为人类与生俱来的食、色之性和强烈求生之欲。这些属性是人性发展中私和欲、争和妄的根源。

老子哲学揭示人性的私和欲，老老实实地承认

人性的私和欲。这对认识人性、人性的发展及对人性的引导和教化具有极其重要的意义。

人类自身发展中，一个最重要的发展就是人类大脑的高度发达，也就是人类神经系统的形成。这是一个在宇宙中最为复杂、最为精密、最为细微的构造体系。人类大脑有1000亿个神经元(神经细胞)和100万亿个神经纤维接触点(突触)，它们形成一个庞大的神经网络、信息网络。其末端分布于人体内外的各个角落，可以说是“天网恢恢，疏而不失”(第七十三章)。这个体系是人类意识、精神、理念和思维的物质基础。人性的生物性和生理性既存在于这个体系，又受制于这个体系。因此，这个系统的发展决定着人性的发展。

(二) 人类的生存环境。

这是一个物质和人类的复合体，物中有人，人中有物。人类生存的硬环境，既有天然的，又有人造的，并且还有归属的(产权的)。一个人出生之后，第一步就是被固定在这个人类生存的环境里。有的生在皇宫，有的生在府第，有的生在寻常百姓家，还有的生在穷乡僻壤茅草屋里，人性就是从这里开始分化和发展。

老子哲学从实实在在的人类生存世界里寻觅

人性，揭示人性的发展。为此，他冒着“杀身之祸、九族之诛”揭露：养尊处优，高高在上，豪华宫殿，山珍海味；锦衣华服，披金戴玉，妻妾成群，奴婢无数，前呼后拥，风光无限，这些“令人心发狂”的生存环境就是塑造和培育强盗头子(盗竽)和刽子手(大匠)的温床和摇篮。(参阅第十二章、第五十三章、第七十五章)。

五、人性的引导与培育

在老子哲学中，首先是揭示人性，如实地认识人性，只有深刻地认识人性，才能着手于研究如何改造人性。二千五百多年来，后人一直认为老子哲学只是自然主义者，倡导返璞归真，顺其自然，无为而治，甚至什么也不做。这，完全是误解，大错特错了。老子哲学的大目标是认识世界，改造世界，对于人性，同样如此。

人性需要而且必须加以引导和培育。这是具有思维能力的人类的自我教育，也是人类从自在人向自觉人发展的必经过程。

老子哲学将自然的物质属性“生而不有，为而不恃，功成而弗居”(第二章)的无私、无欲、无争

引入人文领域，以此作为人类和人性发展的导向。首先要求执政者要改造自身的人性，要遵循“生而不有，为而不恃，功成而弗居”和“长而不宰”(第十章)的无私、无欲、无争、无妄的准则。“为学日益，为道日损，损之又损，以至于无为，无为而无不为，取天下，以无事……”(第四十八章)。这是要求执政者要受教育，要学习，要增长知识(为学日益)。这还不够，更重要的是修炼自己，改造人性。修道就是按准则规范自己，去除私、欲、争和妄，使人性中负面的东西一天比一天减少。“损之又损”，损去坏的东西，直到达到无私、无欲、无争、无妄的清净人性。只有这样，才能全心全意地为黎民百姓办事(无为)，无微不至地为黎民百姓办一切事(无不为)。也只有这样，人民才能安居乐业，天下才能平安无事(取天下以无事)。

老子哲学强调人性的改造是全民的。人性中的“私”和“欲”必须进行规范。先从圣人自我教育、自我修养(修道)开始。之后，圣人行无言之教，以身作则，“我无为，人自化；我好静，人自正；我无事，人自富；我无欲，人自朴。”(第五十七章)这里的“无为”“好静”“无事”“无欲”都是要求圣人严格要求自己，规范自己，作万民榜样，教化万民。

老子哲学把万民的教育看作是引导和培养人性的系列措施，用现代语来说就是人性培育系统工程。对于人性，不能只是满足人民的温饱问题，也不能只为实现“甘其食，美其服，安其居，乐其俗”(第八十章)的民生工程，更重要的是对全民人性的引导和培育。这关系着每个家庭、社区、社会和国家方方面面的问题。因此，在“实其腹……强其骨……”的同时，要“虚其心……弱其志……”(第三章)。这是说要培育万民，使人性纯朴无邪，为理性和良知所主导。“故令有所属，见素抱朴，少私寡欲……。”(第十九章)“虚其心”就是制止和管控“私”和“欲”之心；“弱其志”就是减弱和去除争物夺利和非分之想之志。这样人心才能纯正，天下才能太平，人民才能和睦相处，亲如一家。

第八章 人权观

人和高天厚地一样高贵和有尊严。人类是物质发展的高端产物，是宇宙之精华，万物之灵长。“人法地，地法天，天法道，道法自然。”(第二十五章)这是人类尊贵的家族族谱。自然、道、天地到人类是一脉相承。“道大，天大，地大，人亦大，域中有四大，而人居其一焉。”(第二十五章)这是老子哲学给人类准确而科学的定位。悠悠数千年，在无数思想家和哲学家的著作中，老子哲学的这个结语和论断，可谓叹为观止，永放光辉。由此，告诉人类要自尊，自爱，不要自我作贱，辱没先宗。

一、人应该是尊贵的，高尚的

从物质发展高度来看，人是处在物质发展的顶峰；从天地万物来看，人是最完备的物质存在。由此，老子哲学把人和道、天、地视为同等地位和属性，“道之尊，德之贵”(第五十二章)同样可以用来歌颂人和人类的。

人是指所有的人，不分肤色，不分种族，不分人群，不分国家，不分信仰，不分地位，不分贵贱，不分贫富，都应该是尊贵的，高尚的。人类之间的区分是地域和社会造成的。

这是清醒的人类对人类总体的敬畏和认识。

二、人权的内涵

老子哲学给人类定位和定性之后，认定人类是现实世界的主体，是人类社会的主人。人类具有“道之尊，德之贵”（第五十二章）的属性。人类理应获得的权利必须得到尊重和维护，这是人权的主要内涵。

人类最基本的人权是生命权、生存权和人格尊严权，这是首先必须得到保证和维护的。离开基本人权说人权，都是虚假的，骗人的。离开基本人权就没有自由权、平等权和民主权。

人权是指全人类的人权，离开全人类谈人权都是偏见，都将导向谬误。因此，谈人权，必须界定人类的内涵。老子哲学将人最大化到极限，那就是全人类。这里，反复提出不分肤色、种族、人群等，就是这个意思。只有维护全人类的人权，各民族，各人群，各国家，各社会阶层，才会有人权。如果，只有部分人有人权，那么，另一部分人就没有人权。只维护奴隶主的人权，奴隶就可以被侮辱、买卖、屠杀和陪葬。道理就是这么简单。

三、谁在侵犯和践踏人权

老子哲学明确指出，侵犯和践踏人权者是人类中的一小撮。这一小撮人就是奴隶主。他们掌握了政权，夺取了生产资料和社会财富，是侵犯人权和践踏人权的第一步。

“民之饥，以其上食税之多。”（第七十五章）人民处于饥寒交迫的困境，生存权被剥夺是由于“其上食税之多”。“其上”就是奴隶主，“食税之多”就是无穷尽的盘剥。

“民不畏死，奈何以死惧之？……夫代司杀者杀，是谓代大匠斫。”（第七十四章）黎民百姓为什么不怕死，就是因为人民被逼到生不如死的地步。生的煎熬不如死的安乐。统治者越过司法和执法机关，直接屠杀人民，人的生命权、生存权和人格尊严权完全被剥夺和践踏了。

“天下无道，戎马生于郊。”（第四十六章）统治者发动战争，连怀孕的母马都被拉去参战。统治者是战争的始作俑者，而战争是侵犯人权、践踏人权的罪魁祸首。

四、人权的维护

老子哲学大胆提出人权的维护只能靠社会体制的变革，人类世界要由全人类来主宰，社会和国家要以人民为主人。统治者要变为人民的服务者，帝王将相士大夫要成为黎民百姓的公仆。“圣人常无心，以百姓心为心。”（第四十九章）这是指“大道之行也，天下为公，选贤与能”的大同世界中的执政者。只有心里装着广大人民，以百姓心为心，才能与全体人民生死相依，休戚与共。这样，人类的人权才能真正得到维护和保证。

第九章　世界观

老子哲学从三个方面认识世界，一是物质世界，二是人类世界，三是精神世界。其中以物质世界为核心，而人类世界和精神世界是从物质世界衍生而来的，是从属于物质世界的。老子哲学的世界观，时序明确，先后清晰，层次分明。从“天道”到“人道”，从“人道”到“智慧”出，交代得清清楚楚，毫不含糊。两千五百多年前，老子哲学已经厘清，物质世界先于人类世界，精神世界是伴随人类世界而产生的。

一、物质世界

老子哲学以道为核心，道就是物质世界。道之源是自然。自然是以“有物混成”（第二十五章）的物质作为天地之始、万物之源。

首先肯定客观世界是物质的，物质的本体是“有物混成”。天地万物都是从“有物混成”之物发展而来的。

物质的本体是独一无二的独立体系。“寂兮廖兮，独立而不改。”(第二十五章)除此之外，别无他物。老子否定任何形而上主宰的存在。

物质本体是在运动、变化中发展存在世界。“周行而不殆，可以为天地母。”(第二十五章)这是说，物质是在反复运动中生发天地万物。自然—道—天—地—人，这是存在世界发展的顺序。人类是这个发展的高端产物。

物质的发展是按规律进行的，从无到有，从小到大，从简单到复杂，从低级到高级。“有无相生”(第二章)、“有生于无”(第四十章)“道生一，一生二，二生三，三生万物。”(第四十二章)

物质运动、变化的逻辑性、规律性、辩证性和发展性是物质的属性，是守恒的、不变的。“谷神不死，是谓玄牝。玄牝之门，是谓天地根。绵绵若存，用之不勤。”(第六章)

二、人类世界

人类世界衍生于物质世界，又存在于物质世界。具体说，人类世界就是地球上的人类生存的世

界。这个世界以人类为主体。这里的物质世界可分为两部分：其一是自然的物质世界，包括陆地、海洋、山川、河流、湖泊、平原以及数以万计的生物；其二是经过人类改造过的物质世界，包括高楼大厦、园林精舍以及种种生活、生产、娱乐、文化和衣食住行相关的设施，可谓是琳琅满目的花花世界。

这个人类世界还包括家庭关系、族群关系、社会关系、生产关系、阶级关系、国家关系等等以人类为核心的人文世界。

老子哲学最关注的是人类世界，特别忧心忡忡于大道废后的人类世界。因此，强调人类世界应以人为本，以最广大的人民为本，以全人类为本。人民是社会的主人，国以民为本，民以食为天。因此提出"圣人常无心，以百姓心为心"（第四十九章），谆谆告诫执政者要心存万民，要以百姓的心为心。

三、精神世界

老子哲学认为精神是物质发展最高端产物的产物，是人类出现后人类世界产生的形而上世界。老子哲学涉及的知和不知、明和愚、心和志、宠和辱、好和恶，统统属于精神世界。

精神世界基于物质世界，反映物质世界，影响物质世界，改造物质世界；物质世界影响精神世界，决定精神世界。精神世界在与物质世界互动、互制、共消和共振中形成了极其复杂的人类精神世界。人类的精神世界是人类永恒追索的永无止境的无限世界。

精神世界处处显示着两面性和双刃效应。人类的精神世界不断地、千方百计地追求着改造和建筑适于人类生存的人类世界；同时，又在不断地破坏着、摧毁着适于人类生存的人类世界。不管人们承认与否，这都是历史史实和当今现实。

老子哲学最担心的是人类的精神世界。“我独泊兮，其未兆……累累兮，若无所归。”(第二十章)这是老子忧心忡忡的写照！

为此，老子哲学反复提出用“道之德，生而不有，为而不恃，功而不居，长而不宰”(第十章、第三十四章、第五十一章、第七十七章)的无私、无欲、无争、无妄，来改造和教化人类精神世界；又提出“我有三宝，一曰慈，二曰俭，三曰不敢为天下先”(第七十七章)，倡导人类应该互相关爱，互相谦让。

整部老子哲学处处都在表达着，要以理性和良知引领人类精神世界。

第十章　人生观

老子哲学是从人类的整体来认识人生观。人类之所以能生存繁衍，绵绵不绝，又能不断地发展壮大，日新月异，总是依靠人类群体中的一群人的辛勤劳动和发展生产来维护和支撑的。这里的劳动是指人类的体力劳动和脑力劳动。

因此，老子哲学提出："知人者智，自知者明，胜人者有力，自胜者强。知足者富。强行者有志。不失其所者久。死而不亡者寿。"(第三十三章)这是老子哲学对人生观的总思路。首先，要认识人，认识人类(知人者智)；其次，要认识自己(自知者明)，从而才会上升到"不失其所"的人和"死而不亡"的人。

一、劳动者是伟大的

两千五百多年前，老子哲学大胆提出："夫唯无以生为者，是贤于贵生。"(第七十五章)这是指终年辛苦劳动还得不到温饱的劳苦大众，要比那些靠收税而锦衣玉食、讲究吃喝的统治者要伟大和高尚得多。劳动者之所以伟大和高尚是因为他们的自食其力。

老子哲学的基本人生观是珍惜生命，热爱生活，自食其力，维护人群生存，不做伤害人类的害群之马。这就是老子哲学原始的、朴素的却又是经典的人生观。

二、不劳而食者是可耻的

老子哲学揭示："朝甚除，田甚芜，仓甚虚；服文采，带利剑，厌饮食，财富有余；是谓盗竽，非道也哉。"(第五十三章)这是描述，政府衙门建得雄伟壮观、豪华气派，却不管耕地贫瘠、庄稼枯萎；仓库被监守自盗，偷得空空荡荡；官员和贵族们却穿得漂漂亮亮，他们带着利剑，花天酒地，有吃不尽的山珍海味，用不完的金银财宝，这是强盗的行径(盗竽)，是无道之极(非道也哉)。

老子哲学以事实说话，如实地总结不劳而食的可耻人生观。

三、不失其所者久

这是对所有尽职尽责、终身不忘自己肩负的职责和担当的人说的。

这些人处其位，谋其事，忠其职，尽其责，丝毫不敢懈怠，他们以身相许，不辱使命，这是不失其所。只有这样的人生才能天长地久。

为人子，知道父母养育之恩，知道父母的牵挂和厚望。这不仅仅是回报恩德，而是要好好做人，做个顶天立地之人，做个光明正大之人；而决不做偷鸡摸狗、欺人行骗之人。这是为人子的“不失其所”。

每个人都要知人、知己，明确自己的位置和应负的责任。人，不单单只是为自己而活，“人不为己，天诛地灭”，这是将人等同于飞禽走兽的说法。要知道，从婴儿到成人，有多少人为我们付出，为我们辛劳。明白这个道理，我们还有什么理由不好好对待人生。

四、死而不亡者寿

有的人，万苦不辞，无私奉献，竭忠尽智，死而后已，为人民，为社会，为国家，为人类留下的是不朽的功业，是惠及万民的福祉。人民永远感激他们，怀念他们，崇敬他们。他将永远活在万民和历代的人心中。这就是死而不亡的人。这样的人，才是真正的万寿无疆。

老子哲学将“死而不亡”作为人类人生观追求的最高境界。

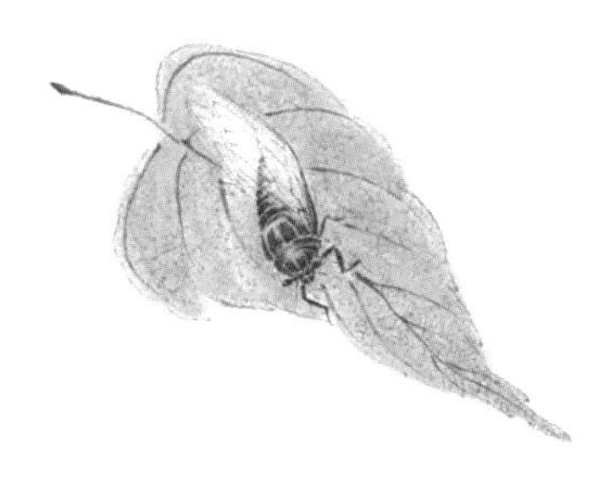

第十一章　政治观

老子追求哲学的目的在于应用，用于人类世界，服务于人民，造福于人类。老子追求到的哲学是唯物主义的哲学。这个哲学的灵魂是实事求是，只有实事求是才能从物质世界中寻觅到物质的本质和规律。也只有唯物主义才能使老子哲学政治观坚定地站在广大人民立场，也就是全人类的立场来认识人类世界，最后坚信人类是人类世界的主人。

从老子哲学演绎出来的政治学是人类政治学，是人民政治学。这个政治学不是为某个家族、某个种族、某个人群、某个政党、某个国家的狭义政治学，而是不分肤色、种族、地域、人群、国家、宗教的全人类政治学，是一切政治学的基础政治学。

作者在《道德经导论》中，将老子的政治观和政治主张梳理，归纳并转释成“仿道政治学”。这是一部独特的政治学。老子哲学是这部政治学的理论基础。人为本，民为本，和为贵，反暴力；珍惜生命，尊重人权；无为而无不为就是这部政治学的政治纲领。它要求执政者要“以百姓心为心”（第四十九章）；去除“甚欲”、“不知足”和“欲得”，反对发动战争；实行“大国者下流，天下之牝，天下之交也”（第六十一章）的和平外交；实现民生第一，“甘其食，美其服，安其居，乐其俗”（第八十章）。这些是这部政治学的施政方针。

老子哲学决定着其政治观、政治主张和政治学的超时空性和永恒的普世意义。以下几项主导思想足以说明。

一、社会关系的认知和定位

人类社会区别于动物群的根本标志是生产。生产是人类生存与发展的第一个基本条件。从事生产活动的主体是广大人民。由生产关系确定社会关系，广大人民必然是社会主体。但是，“大道废”后，私有制产生，生产资料被掠夺和强占，少数掠夺者和占有者却成为社会主体；作为真正社会主体的广大人民却成为掠夺者和占有者的奴隶，他们的人权被剥夺，沦为生产资料的附属物，甚至被视为耕作的牲口。老子哲学认为这是违背人类社会发展规律的，广大人民永远是人类社会的主体。老子之前的两千五百多年的历史史实显示，凡是不以广大人民作为社会主体的统治，其结果必然是“为者败之，执者失之”（第二十九章）。夏、商、周三代和上千个邦国最后都是以覆灭告终，就是很好的佐证。

老子政治观认为，由于生产资料的占有者只是社会群体的一小部分，他们的优势在于拥有生产资料和社会财富。因此，要求执政者对他们予以制约，“天之道，损有余而补不足”（第七十七章），以此来维护广大人民的利益，防止两极分化、贫富悬殊。

在老子政治观中，国家执政者被定位为社会和国家的管理者，是为广大人民办事的办事员。“是以圣人执左契，而不责于人，有德司契。”（第七十九章）“圣人常无心，以百姓心为心”（第四十九章）、“知其雄，守其雌……知其白，守其黑……知其荣，守其辱……”（第二十八章）、“受国之垢，是谓社稷主，受国不祥，是谓天下王”（第七十八章）。这些统统是说，能为广大人民任劳任怨、忍辱负重、俯首敢为孺子牛者，才是圣人，才是人民真正的公仆，才是最好的国家执政者。

二、物质属性的认知和仿效(以道治国)

揭示物质属性，仿效物质属性，将其属性引入政治领域，从而构筑老子哲学的政治观、政治主张和政治学，是老子政治观的独特性，也是称之为仿道政治学的原因。

（一）物质的无私性。

物质运动、变化和发展的属性是“万物作而弗始，生而弗有，为而弗恃，功成而弗居”(第二章)，“生而不有，为而不恃，长而不宰”(第十章)，“道生之，德畜之，长之育之，成之熟之，养之覆之，生而不有，为而不恃，长而不宰，是谓玄德。”(第五十一章)这些都是道之德，也就是物质的属性。这是从人的立场来认识物质的属性，表示物质生万物，畜养万物，完全是无私奉献、无偿服务。“生而不有”，就是生万物而不占有万物。“为而不恃，功而不居”，是畜养万物，呵护万物，任劳任怨，不称德，不居功。“长而不宰”，是说物质世界拥有万物，但不役使万物，宰割万物；相反，却是爱护万物，无微不至地服务万物。

老子哲学将物质的无私性引入人文领域，转化为政治纲领就是“无为而无不为”(第四十八章)。

换句话说，就是无私、无欲、无争、无妄地服务于人民；无微不至，无所不为，为天下万民做一切事情。

（二）物质的辩证性。

这是指物质结构和规律的辩证性。有无共存，虚实共处；祸福相伴，奇正相随；善恶相伴，功罪相随；有生于无，有无相生…… 这些是事物的辩证性。为政者不仅要认识事物的辩证性，还要熟谙事物的辩证性，掌握事物的辩证性。只有精通事物的辩证性，才能正确地为政、施政。未雨绸缪，“唯迤是畏”，才能预防走极端，走绝路，预防思想僵化，死守教条。每一个施政措施的出现，都要考虑到正负两面共存，要先期预防负面效应的发生。“尚贤”就会出现争贤。大家都来争贤，结果，卖贤、买贤、假贤、造贤就会雨后春笋般冒出来。所以老子说“不尚贤，使民不争”（第二章）。这里不是反对“尚贤”，而是要求崇尚真实的“贤”。“贤”要有真实的内容和标准，又要有严格的考核，更要有持续的监督，还要在实践中不断地吐故纳新，建立新陈代谢机制，防止藏污纳垢和老化衰败。

（三）物质的规律性。

物质运动、变化和发展所以能形成有序的客观世界，日月经天，四时往复，万物并作，雨露有时，其根本原因是物质的规律性。

一切物质都是遵循规律而运行，绝无例外。老子哲学将这个原理引入人文领域，用于为政和施政，将规律转化为法律，强调治理国家，管理社会，为人民办事一定要有法律，依法执政，依法行政，依法办事。从人民到元首，从社会到国家，一切行动都要规范在法律之中，有法可依，有法可循。法律要做到“天网恢恢，疏而不失”（第七十三章），这是说法律对人民、社会是保护的，遵纪守法者是乐于遵循，并无约束之感；但对犯奸作科、为非作歹者，则要法网难逃，严惩不贷。只有这样，人民才能安居乐业，社会才能安定繁荣，国家才能长治久安。

执政者同样必须遵纪守法。否则，“常有司杀者杀，夫代司杀者，是谓代大匠斫。”（第七十四章）这里说，统治者无视法律，越过司法和执政机关，亲掌生杀之权，屠杀人民。这样，统治者就成为刽子手（“大匠”）了。

法律的实施需要良好的环境。“若使民常畏死，而为奇者，吾得执而杀之，孰敢？”（第七十四章）这是说，只有使黎民百姓安居乐业，人民热爱生活，

珍惜生命(畏死)的时候，对敢于为非作歹、危害百姓者，依法逮捕，严惩不贷；罪大恶极者，格杀勿论，这样，还有谁敢作奸犯科？换句话说，如果百姓处于饥寒交迫、苦不堪言、生不如死的地步，法律还有用吗？“民不畏威”（第七十二章）“民不畏死，奈何以死惧之？”(第七十四章)百姓连死都不怕，还会怕什么法律。

三、老子政治学的底线

老子政治学的基本要求：

（一）人为本，民为本。这里的人和民是指所有的人和民，是指全人类。

（二）珍惜生命，尊重人权。

（三）民生第一。

（四）反对战争。

四、老子政治学的终极目的

老子政治学的终极目的是大同世界。大同世界是老子政治观的最高境界，也是自古以来中华民族共同向往和追求的目标。今以“礼记·礼运篇”阐述“大同”之义。

“大道之行也，天下为公，选贤与能，讲信修睦，故人不独亲其亲，不独子其子；使老有所终，壮有所用，幼有所长，矜寡孤独废疾者，皆有所养；男有分，女有归。货恶其弃于地也，不必藏于己；力恶其不出于身也，不必为己。是故，谋闭而不兴，盗窃乱贼而不作，故户外而不闭，是谓大同。”

大同世界是人类理性和良知的构思，也是人类最高的理想世界。或许，它要经历漫长的岁月以及无数的曲折和种种磨难，但是我们相信，总有一天会实现的！

第十二章　反战观

老子哲学将反战观作为一个重要论题，其一是由于老子哲学的终极目的是服务于人类、造福于人类。而战争却是威胁人类生存，践踏人权。其二，老子所处的年代是一个战火连年、生灵涂炭、民不堪命的年代。就周家天下的八百多年中，从周朝初期的一千八百多个邦国打到周朝末年只剩下几十个邦国，平均每年都有两个邦国被消灭；国家被消灭，遭殃最大的是黎民百姓。因此，战争是老子深恶痛绝和最关注的问题。

一、战争是人类私、欲、争、妄的产物

老子哲学认为，战争是人类私、欲、争、妄的产物，是大道废后，统治者甚欲、不知足和欲得造成的，也是私有制和阶级社会的恶性毒瘤。“天下无道，戎马生于郊。罪莫大于甚欲；祸莫大于不知足；咎莫大于欲得。”（第四十六章）统治者为了称霸，争做霸主，扩张疆土，争夺资源，抢劫财物，

掳获奴隶，就得发动战争，驱赶占人口百分之三十的青壮年，奔赴战场，为其卖命。“动之死地，十有三。”(第五十章)战争打赢的一方，成为“一代天骄”，被誉为“雄才大略”，被称为“什么大帝”。他们犒赏三军；臣民跪拜，山呼万岁，皇恩浩荡。接着就是论功行赏，裂土封侯。这是抢劫后的分赃。战争的怪圈就是这样反反复复地运转着。奴隶主乐于发动战争，他们把战争看成是建功立业的伟大事业。胜利之日，军乐喧天。胜利之师，威武雄壮，走过凯旋门的时候，哪里还会想到血流成河、尸骨堆山，想到留下的无数孤儿、寡母和丧子老人？！

二、战争是祸害人类的最大罪恶行径

“师之所处，荆棘生焉。大军之后，必有凶年。”(第三十章)“夫兵者，不祥之器，物或恶之，故有道者不处。…… 胜而不美，而美之者，是乐杀人。”(第三十一章)

战争过处，城摧乡毁，家破人亡，田园荒芜，荆棘丛生。大战之后，必有灾荒。

无道的统治者，连怀孕的母马也被拖去参战。罪恶的战争之祸来源于统治者的甚欲、不知足和欲

得。这些权欲、名欲、利欲和种种私欲是无穷之欲，欲壑难填，而且统治者往往势在必得，那就只有发动战争。所以统治者是战争的始作俑者。

三、绝不发动战争

这是中华民族先哲对后人一再提出的谆谆教诲。“鱼不可脱于渊，国之利器不可以示人。”(第三十六章)这是说，人类生存需要和平环境，就像鱼只能生活在水中，离开水就要死亡。国家拥有强大的国防力量，只能用于捍卫疆土，保护人民，绝不可以示人以武力，也就是绝不可以发动战争；发动战争就像鱼脱离了水，是找死。

老子哲学要求避免战争，尽量不发生战争。即使开战也要做到一让再让，战争是万不得已的选择。忍无可忍时，为了正义和自卫，就要“哀兵必胜”，绝对要战胜敌人。“用兵有言：吾不敢为主，而为客，不敢进寸，而退尺…… 故抗兵相若，哀者胜矣。”(第六十九章)说的是一让再让，让到一定要动手时，以战胜教育对方。故“古之善为士者，不武；善战者，不怒；善胜者，不与”(第六十八章)，“不与”是绝不轻易出手。

即使不得以动手开战，也要尽量避免厮杀，争取不战而屈人之兵，或是只求取得战果而已。“故善有果而已，不以取强。”（第三十章）

纵观上述，哲人的仁者之心，足可以动天地，泣鬼神！

四、强化国防，建立和平堡垒

为了保护人民、维护人权，老子主张积极备战。“祸莫大于轻敌，轻敌几丧吾宝。”（第六十九章）谆谆教导执政者，要有敌情观念，和平是祈求不来的。称霸者、好战者是客观存在的。要敢于直面战争，要拥有赢得战争的实力，时时警惕敌人的来袭，否则人民就要遭殃，家园就要毁于一旦。正所谓“国无防不立，民无防不安。”

备战是为了不战。老子哲学的思维是以强为本，以弱为用。“国之利器不可以示人”（第三十六章），强大的国防力量，只是为了防御、保家卫国，保护人民的身家性命，不是为了发动战争。以弱为用，是要在具有强大的国防力量、坚实的经济实力下，绝不恃强凌弱，以大欺小。相反，助小扶弱，倡导和平，保卫和平，实行和平外交。“大国者下流，天下之牝，天下之交也。”（第六十一章）这是说，大国要谦卑，要处下游；要像慈母一样，容纳和呵护小国弱国。那么，其他国家就会乐与其交。

老子哲学的反战观，并不反对反侵略战争；同样，也不反对反迫害、反奴役、反屠杀的战争。为此，警告统治者，“民不畏威，大威至。”（第七十二章）“民不畏死，奈何以死惧之？”（第七十四章）这些都是说，把人民逼到“无以生为”（第七十五章）、“无狭其居，无厌其所生”（第七十二章），人民无法生存、生不如死的时候，大规模的人民战争就要爆发了。一切残酷压迫人民、屠杀人民的统治者终将在人民战争中灰飞烟灭。

公元前1750年，埃及奴隶和贫民反奴役、反迫害、反屠杀的大起义、大暴动的战争，延续几十年，结果逮捕了国王，摧毁了帝国，就是例证。

下篇 原著解读

原著说明

将老子著作作为老子哲学原著有许多问题必须予以澄清和说明。

一、老子著作在两千五百多年的漫长岁月中，一直在正和反、正和误的交织中流传着。诠释、解说的书籍，从春秋末期到元朝就有三千多部，到如今，估计在四千五百部以上。原著版本和通行今本，有人统计达一千多种，其中改动和含义相差的文句达一百多处。

上述情况除了表明原著深奥难懂之外，其主要原因是原著作者有意做了种种处理和层层包装。著者深知此书，不容于那个年代，更不容于统治者，如果明白直说，不仅会招来杀身之祸甚至九族之诛，更难于面世和流传于后世。因此，将原著真义深深埋藏于云山雾海、深山老林之中，等待后人去发掘。明白这个原因，就会理解著者用心之苦，正所谓“满纸荒唐言，谁解其中味”。

二、原著没有清晰的纲目，也没有有序的排列，有的章句前言不对后语，有的章句似乎是天方夜谭。

无怪乎南怀瑾说：“《老子》流传久远，加上博而不纯，变成支离破碎，怪诞杂乱。”

为此，要读懂原著，文字是钥匙，章句是线索，全篇是多维立体示意图。由此着手，反复追索，可以逐步寻找到老子原著的总思想、总思路和总目标。只有真正找到老子原著的总思想、总思路和总目标，才能最终找到老子哲学。这里必须强调，老子著作一定要和客观世界、天地万物、历史史实、社会万象和人性万变的实事和事实紧密结合，才能见到端倪，找到门径。

捕捉到老子著作的总思想、总思路和总目标后，再回读老子著作，就会发现老子著作的内容非常广博，底蕴十分深厚，语言极其简约，其中的独到之处无与伦比。

三、著作中的错字、漏字、省略字、词的定义和文句的读法很多是费解难懂的。为此，查阅参考文献，了解诸家诠释和评述是必要和有益的。但是，这些也不是评判真伪的最后标准。唯一的最后决定标准是实事、事实和实践；从事中求是，从实中求真，只有这样，才能分别出真伪、正误，找到事物的本质和著作的真谛，从而全盘托出老

子哲学的全貌。

四、反复深读原著就会发现，原著蕴藏着易学原理。文字、文句和章节无异于爻和卦，而且是会说话的爻和卦。著作中文字、文句和章节的分离和组合都将产生无限的卦辞和爻辞。这就是说，它们将揭示无穷无尽的客观事物的本质和规律，这些，就是事物真谛的哲学概括。

五、前述情况说明，我们似乎无法用直译或意译来表达和涵盖老子原著的原旨和真谛。两千五百多年来的四五千部以上的注释和解说，都是先人、今人、学者、专家、精英的心血所注。但是，各有所成，各有所失，各有所误。因此，作者清醒地意识到，作者所作的注释和解读是何等的粗浅。只是因为继承前人、今人之成，扬弃其失和误，才敢大胆一试，以期抛砖引玉，厚望于来者的玉成。

六、本书原著采用蓝进著《道德经导论》原文及其各章命名。

第一章　道可道

道，可道，非常道。名，可名，非常名。无名，天地之始；有名，万物之母。故常无，欲以观其妙；常有，欲以观其徼[①]。此两者，同出而异名，同谓之玄。玄之又玄[②]，众妙之门。

【注释】

① 徼：边界，此处作千差万别和来龙去脉解。

② 玄：极其深奥、博大，此处指物质世界的深、奥、奇、妙。

【解读】

本章是老子哲学的系统化和理论化的总结，是老子哲学皇冠上的宝石，是人类哲学史上一篇辉煌著作。仅仅五十九个字，为人类创下一篇史无前例的经典篇章。

其内容包括：

一、客观世界是可知的，也是可以名状的。(道，可道……名，可名……)

二、客观世界的根源和物质本体的永恒部分是

难以知道的，也是说不清楚的。(道，…… 非常道。名，…… 非常名。”)

三、客观世界不是原来就是这样的，而是从无法名状的，却又是永恒存在的虚无中发展而来的。“无名，天地之始”。

四、万物都是来源于可以名状的物质。“有名，万物之母。”

五、在永恒的虚无之中，寻觅和观察物质世界的深、奥、奇、妙。(故常无，欲以观其妙。)

六、在可以名状的物质世界中，观察万事万物的千差万别和来龙去脉。(常有，欲以观其徼。)

七、可以名状的和无法名状的，都来源于永恒的虚无之中。“无名”和“有名”，虽然称谓不同，却同出于一个母体。(此两者，同出而异名。)

八、物质世界都是来源于永恒的、无法名状的虚无之中，它是如此深、奥、奇、妙。这就是物质世界的终极根源，天地万物生于斯，复归于斯。(同谓之玄，玄之又玄，众妙之门。)

第二章　美之为美

天下皆知美之为美，斯恶[①]已。皆知善之为善，斯不善已。有无相生，难易相成，长短相形，高下相盈，音声相和，前后相随，恒也。是以圣人处无为之事，行不言之教；万物作而弗始[②]，生而弗有，为而弗恃，功成而弗居。夫唯弗居，是以不去。

【注释】

① 恶：丑恶，此处指统治者倡导和追求的美的反面。

② 弗始：始，首起。弗始，不以元首、始祖、始创自居。

【解读】

本章是以老子哲学辩证观观察事物，并将其引入人文领域作为为政、施政的思维。

“天下皆知美之为美，斯恶已。皆知善之为善，斯不善已。”这是说，天下人都说美，都来捧美，吹美，歌颂美，那就不美了。为什么？真美出来了，势必引来许多假美。穷人美不了，富人可以买美，

造美，装美。这样，就引导出五花八门的美。同样，善也是这样。“美”和“善”就会走向它的反面，“斯恶已，斯不善已”。

这里不是反对“美”和“善”，而是提醒执政者、管理者，不能随俗起哄；提倡什么，还要看到它的负面效应，早作防范。

“有无相生”，这是物质运动变化的辩证规律。“有”和“无”共处一体，“有”寓于“无”，“无”可以出“有”。“有”和“无”可以相互转化。从原子物理学中知道，粒子和反粒子相撞就会湮灭，化作能量。正、负电子相撞而湮灭消失，化为电磁场或称光波。

“难易相成，长短相形，高下相盈，音声相和，前后相随”，这些都是事物构成和变化的辩证规律。对立面是相对的，相存的，互补的，相互转化的。这些规律是不变的，永恒的(“恒也”)。最后，取类比象，以圣人无私、无欲、无争、无妄之为和无言之教，转化为万民安居乐业的福祉。也就是圣人的“无”换来永恒事业的“有”。(夫唯弗居，是以不去。)

第三章　不尚贤

不尚贤，使民不争；不贵难得之货，使民不为盗；不见可欲，使民心不乱。是以圣人之治，虚其心，实其腹，弱其志，强其骨。常使民无知无欲，使夫智者不敢为也。为无为，则无不治。

【解读】

本章是老子哲学以唯物辩证法分析客观事物的范例。

“不尚贤，使民不争；”

这里的“尚贤”指的是提高名位，吹捧名位，炒作名位，使名位虚荣化。其结果是，钱权交易，卖官捐官；抄袭成风，骗取学位；弄虚作假，套取职称。社会和国家设立官位、职称和学衔是无可非议的。但是，一定要考虑到它的负面效应，不能走极端，要有预防和制止负面效应发生的措施和机制。

“不贵难得之货，使民不为盗；”

艺术珍品、字画、玉雕等是艺术家心血的结晶，是人类社会的财富。有的珍品价值连城。但是，有

史以来，为夺宝、谋宝、盗宝演出多少败坏人性、残酷谋杀的惨剧。甚至，不惜挖掘坟墓从死人身上攫取珍宝。这些事实和历史教训，难道不值得反思吗？

“不见可欲，使民心不乱。”

炫耀豪华，炫耀奢靡，炫耀山珍海味，炫耀袒胸露腿，并不是文明的表现，只会扰乱民心，将人心引向物欲、食欲和色欲。

“是以圣人之治，虚其心，实其腹，弱其志，强其骨。常使民无知无欲，使夫智者不敢为也。”

这段话很难直译，两千五百多年来引起许多误解，但其主旨非常明确。

一、圣人之治，民生第一，让广大人民吃饱穿暖，腹实骨强，身强体壮。

二、执政者要无私、无欲、无争、无妄，才能教化人民“见素抱朴，少私寡欲”（第十九章）。

“虚其心”，这个“虚”字是动词，意为清除干净，“心”是指私心、私欲。这就是说要将私心和私欲清除干净。

“弱其志”，“弱”字也是动词，意为减弱，削弱，“志”是指争权夺利和非分之想之志。这是说要减削争权夺利和非分之想的意志。

“常使民无知无欲，使夫智者不敢为也。”使社会和人民之间没有巧伪奸诈、阴谋诡计之知（智）；没有争权夺利、非分之想之欲，那么，那些阴谋诡计者，也就不敢故弄玄虚、坑蒙拐骗了。

“为无为，则无不治。”

执政者，若无私、无欲、无争、无妄地为人民办事，那么天下就没有治不好的。

第四章　道　冲

道冲①，而用之或不盈。渊兮，似万物之宗。挫其锐②，解其纷③，和其光④，同其尘⑤。湛兮，似或存。吾不知谁之子，象帝⑥之先。

【注释】

① 冲：本为盅。此处作虚空解。

② 锐：指统治者的锐气，盛气凌人，刚愎自用，专断独行，如兵器之锐。

③ 纷：指统治者私和欲的恶性膨胀，造成内心的纠纷。

④ 和其光：光，指统治者自谓头上的光环。和其光，是说要把这虚拟之光回归到黎民百姓中去，才能有光。

⑤ 同其尘：尘，尘土，借指大地和人民。同其尘，是指执政者要回归到大地和人民中去。

⑥ 象帝：象，指万象，万物。帝，指天地。

【解读】

本章和第六章都是表达宇宙最原始的母体是虚空。虚空是“有物混成”的一种存在形式。

“道冲，而用之或不盈。”

这里的“道”是指物质的本体，也就是“有物混成”的物质，它是最原始的物质。这个本体是浩渺无垠的无限空间。这个虚空的无限空间，充之不会满溢，取之不会枯竭。

“渊兮，似万物之宗。……湛兮，似或存。”

这个虚空的无限空间，深不可测，奥不可知，看起来似有却无，但是，它却是万物的本源。

“吾不知谁之子，象帝之先。”

“道”是如此幽深莫测，深奥难知，我不知它是从何而生，只知道它是“先”天地生，早就存在了。这里强调，物质是宇宙之源，万物之母，是先于一切存在的自然主体。

“挫其锐，解其纷，和其光，同其尘。”

插在此处的这段话，与前述主题没有直接关联。前者相关于物质世界，后者涉及人文领域。详细解释，请参阅第五十六章。

第五章　天地不仁

天地不仁[①]，以万物为雏狗[②]；圣人不仁，以百姓为雏狗。天地之间，其犹橐籥[③]乎？虚而不屈，动而愈出。多言数穷，不如守中。

【注释】

① 不仁：仁，人，人类。不仁，指天地不属于人，不属于人类，人和人类有私，有欲，有争，有妄。天地是无私，无欲，无争，无妄。

② 雏狗：初生小狗，指幼小的生命。

③ 橐籥(tuó yuè)：袋囊，古代的风箱。

【解读】

本章揭示物质世界的属性，并将其引入人文领域。

“天地不仁。”直截了当地说，天地是物质存在，不是人类。仁者，人也。天地，不像人类那样有思想，有感情，有爱和恨，有私和欲，有争和妄。天地生万物，生而不有，为而不恃，长而不宰。天地对万物就像对待幼小生命(雏狗)一样，生之，畜之，长之，育之，成之，熟之，养之，覆之，百般呵护。这就是天地的属性。

“圣人不仁。”是说圣人效法天地，排除人性中的私、欲、争、妄，把黎民百姓看作是幼小的生命，百般呵护。

“多言数穷，不如守中。”数者，术数也，包括天文、历谱、五行、蓍龟、杂占、刑法，是谓六术数。本句的主要意思是，与其言尽术数，道尽五行，说得条条是道，天花乱坠，不如以正治国，以民为本，以百姓心为心，如烹小鲜一样，实事求是地治理好国家。这就是“不如守中”的中心意思。“中”者，正也，根本也，聚中不偏也。

从风箱(橐龠)中的空间，虚而不屈，动而愈出，揭示和说明宇宙的空间和本体的虚无，是空而不空，空中有物；虚而不虚，虚中有实；无而不无，无中有有。参阅第十四章、二十一章，可以进一步理解空间和虚无的“恍惚”属性。

第六章　谷　神

谷神不死，是谓玄牝。玄牝之门，是谓天地根。绵绵[①]若存[②]，用之不勤[③]。

【注释】

① 绵绵：连续不断，无穷无尽。

② 若存：若隐若现，似有若无，恍惚的样子。

③ 不勤：永不衰竭。

【解读】

本章是老子哲学本体论的核心篇章之一。揭示“有物混成”的实在母体。

“谷”者，虚空也。“神”者，深奥莫测也。“不死”者，不生不灭，永恒存在也。“玄牝”者，最原始的母体也。

整篇合为一句：永恒的、不生不灭的、深奥莫测的虚空，是宇宙最原始的母体，是天地的根源，万物源源不绝地生于斯，复归于斯，永不停息。

本章明确指出，虚无是存在，是物质，是“有物混成”的母体。宇宙万物都源于这个母体。

第七章　天长地久

天长地久。天地所以能长且久者，以其不自生[①]，故能长生。是以圣人后其身而身先，外其身而身存。非以其无私邪？故能成其私。

【注释】

①不自生：意为有生有灭。自生必自灭，不自生就不会自灭。

【解读】

本章是以物质运动、变化的属性引入人文领域，使哲学之用最大化。

天地，生万物，养万物，生而不有，为而不恃，长而不宰，不为自己而生，所以天地可以长久。

圣人有鉴于此，为天下而不为自己，先天下而后自己，存天下而外自己。因此，只有为天下舍身奉献的人，才能“死而不亡”(第三十三章)获得永生。这就是圣人舍一己之私，成就为万民谋福祉的大私。

第八章　上善若水

上善若水，水善利万物而不争。处众人之所恶，故几于道。居善地，心善渊，与善仁，言善信，政善治，事善能，动善时。夫唯不争，故无尤[①]。

【注释】

① 尤：过失，错误，犯罪。

【解读】

本章以水作为格物致知的对象，既揭示物质的属性又引导出人文领域可以效法的道之德。

“上善若水”是一句多义的文句。它可以解释为“最善之善就像水一样”，又可以解释为“最好的领袖、最好的君王就像水一样”。

水利万物，生发万物，滋养万物，却一无所争。水清洗污秽，涤除垢渍，接纳令人厌恶的腐臭烂淤而无恨无怨。水的品质几乎和道一样尊贵，生而不有，为而不恃。

老子哲学将水之善化为执政者的为政理念和行为：

居善地——处低位；

心善渊——利民之心；

与善仁——与人为善；

言善信——取信于民；

政善治——清正廉明；

事善能——竭忠尽智为民办事；

动善时——如春风化雨及时滋养万物一样呵护人民。

执政者只有不为自己争权，争利，争名，争享受，才能不伤害百姓，不发生过失。

第九章　功遂身退

持而盈之[①]，不如其已。揣而锐之[②]，不可长保。金玉满堂，莫之能守。富贵而骄，自遗其咎。功成身退，天之道。

【注释】

① 持而盈之：盈，盈满，累积。持而盈之，指无止境地追求种种欲望的极度满足。

② 揣而锐之：把铁器锤磨得锐不可挡。本句系取类比象，借此比喻若把统治者吹捧、歌颂、赞美到无以复加的地步，统治者或将成为杀害黎民百姓的尖刀利器。

【解读】

本章以哲理指导行为，提示物极必反，盛极必衰，贪多必失。告诫执政者，不要贪婪，不要霸道，不要暴敛，不要刚愎自用。水满则溢，月圆则缺，皦皦者易污，峣峣者易折，“持而盈之”，可以休矣。以强权、强势、强威压人者，欺人者必自取其咎，难逃灭顶之灾。

上述之鉴，提醒所有成功者，千万不要居功持满。居功之位，对己对人都是危险之位，惨痛的历史教训必须吸取。务必牢记，最佳的选择是成功之后，后退一步或归零处理。这就是遵照事物的发展规律行事，可以永保身家性命、事业和国家长治久安。

第十章　载营魄抱一

载营魄[①]抱一，能无离乎？专气致柔，能如婴儿乎？涤除玄鉴[②]，能无疵乎？爱民治国，能无为乎？天门[③]开阖[④]，能为雌[⑤]乎？明白四达，能无知乎？生之，畜之。生而不有，为而不恃，长而不宰。是谓玄德。

【注释】

① 载营魄：载，载体，指人体，外表。营魄，魂魄，指精神，内心。

② 玄鉴：玄，深处。鉴，镜子。玄鉴，指以心灵深处的理性和良知作为镜子。

③ 天门：指眼、耳、鼻、舌、身、意，佛教称之六官或六根，是欲之门、欲之源。

④ 开阖：开，开启。阖，关闭。

⑤ 为雌：为，保持。雌，圣洁母体。为雌，意为保持圣洁无邪、清净无欲的心境。

【解读】

本章为执政者提出几则座右铭，要求执政者经常扪心自问。

“载营魄抱一，能无离乎？”

内心和外表能一致吗？是不是貌合神离，内心一套，外表又是一套？

“专气致柔，能如婴儿乎？”

专心致志于治国平天下，能像婴儿那样赤诚无邪吗？

“涤除玄鉴，能无疵乎？”

反省自己，是不是还有私心杂念和非分之想呢？

“爱民治国，能无为乎？”

爱民治国，能做到无私、无欲、无争、无妄的无为之治吗？

“天门开阖，能为雌乎？”

灯红酒绿，轻歌曼舞，十里皇都，香风四溢，是不是还能守住你那洁净的心灵？

“明白四达，能无知乎？”

光明磊落，远达四方，是不是杜绝了阴谋诡计、巧伪奸诈？

遵循道的属性，生万物养万物，用生而不有、为而不恃、长而不宰的准则来治理国家，这就是最高的道德——玄德。

第十一章　无为用

三十辐共一毂[1]，当其无，有车之用。埏埴以为器[2]，当其无，有器之用。凿户牖以为室[3]，当其无，有室之用。故有之以为利[4]，无[5]之以为用。

【注释】

① 毂(gǔ)：车轮中心作为轴承的圆孔。

② 埏埴以为器：埏(shān)，糅和。埴(zhí)黏土。整句是说糅和黏土制作杯、碗、茶壶等器皿。

③ 凿户牖以为室：开凿门窗，建造房屋。

④ 利：指可利用之器。

⑤ 无：指空间。

【解读】

本章以极为平凡的事物论证和说明深奥的哲学原理。

车轮之为用，在于中心轴承的虚空空间。

茶壶之为用，在于茶壶内的虚空空间。

房屋之为用，在于房屋里的虚空空间。

由此，形象地说明，“有”之以为利(器)，无之以为用。

这是一则唯物认识论落实在实事上，扎根在事实里的典型范例。同时，又阐述了“有”和“无”、“虚”和“实”的辩证关系。

第十二章　五　色

五色令人目盲；五音令人耳聋；五味令人口爽；驰骋畋猎，令人心发狂；难得之货，令人行妨。是以圣人为腹①不为目②，故去彼取此。

【注释】

① 腹：指温饱果腹，民以食为天，民生第一。

② 目：指耳目之乐，借此反对奢华，讲排场，求气派，显威风。

【解读】

本章揭露统治者穷奢极欲到疯狂的地步，提出圣人之治民生第一。

五颜六色，令人眼花缭乱；鼓乐喧天，震耳欲聋；山珍海味，鲜美得令人失去味觉；奇珍异宝，令人玩物丧志。统治者按时还要出动大批人马，旌旗招展，前呼后拥，驰骋狩猎，何等威风，何等刺激。几曾想到饥肠辘辘、衣不蔽体的黎民百姓！

为此提出，圣人之治，首先考虑的是民生问题，让百姓吃饱穿暖，而不是统治者的声色之乐。这就是圣人的选择。

第十三章　宠　辱

宠辱若惊，贵大患[1]若身。何谓宠辱若惊？宠为下，得之若惊，失之若惊，是谓宠辱若惊。何谓贵大患若身？吾所以有大患者，为吾有身，及吾无身，吾有何患？故贵以身为天下者，若可寄天下；爱以身为天下者，若可托天下。

【注释】

① 大患：患，忧患，忧虑，担心。大患，指最最担心和忧虑的事情。

【解读】

本章是老子哲学执政观之中,对执政者的期待。

宠辱若惊，宠也惊，辱也惊。人们将宠辱看得如此之重。即使被人宠爱是处下，有损尊严，人们还是把受宠视为至关重要的事情。这是因为宠辱关系到自身的存在和自己的身家性命。实际上，人们最最关心的是自身的存在和自己的身家性命。如果没有自身的存在和自己的身家性命，什么宠、什么辱就毫无意义了。

这里拐了一个大弯，拿上述宠辱说事。其中心意思是：如果执政者能把天下、天下大事、天下苍生看作是自身的存在，看成是自己的身家性命，成为自己最最关心的“大患”，那么，人们便可以放心地将天下交付给这样的执政者了。

第十四章　视之不见

视之不见，名曰夷[①]；听之不闻，名曰希[②]；搏之不得，名曰微[③]。此三者，不可致诘[④]，故混而为一。其上不皦，其下不昧，绳绳[⑤]兮不可名，复归于无物。是谓无状之状，无物之象，是谓恍惚[⑥]。迎之不见其首，随之不见其后。执古之道，以御今之有。能知古始[⑦]，是谓道纪[⑧]。

【注释】

① 夷：无形。

② 希：无声。

③ 微：无物。

④ 致诘：诘，追问，追究。致诘，追问，追究到底。

⑤ 绳绳(mǐn mǐn)：幽深莫测。

⑥ 恍惚：似无却有、似有却无的状态。这里指“有物混成”(第二十五章)中的空间。

⑦ 古始：指洪荒时代。

⑧ 道纪：物质运动、变化和发展的规律和秩序，即道的纲纪。

【解读】

本章是老子哲学本体论的主要篇章，描述“有物混成”的存在形式。

这里着重提出，物质的本体不是人的感官都能看得见、听得到、摸得着的。这些看不见、听不到、摸不着的物质世界，是一个难以分说、难以名状的统一体。

这个统一体以恍恍惚惚的状态出现，不光不暗，幽深莫测，似有却无，似无却有，这便是无状之状、无象之物。在恍惚中蕴藏着看不见、听不到、摸不着的“象、物、精、信”(参阅第二十一章)。随着它，看不到它的背影；迎着它，看不到它的脸庞，这便是“恍惚”之谓。

认识了物质的本体，就是寻觅到物质世界的终极根据。以此，可以知古识今，知源识流。一以贯之，是谓“道”的纲纪，“道”的可用规律。

第十五章　善为道

古之善为道者，微妙玄通，深不可识。夫唯不可识，故强为之容：豫兮[①]若冬涉川；犹兮[②]若畏四邻；俨兮[③]其若客；涣兮[④]其若凌释；敦兮[⑤]其若朴；旷兮[⑥]其若谷；混兮[⑦]其若浊；澹兮[⑧]其若海；飂兮[⑨]若无止。孰能浊以静之徐清[⑩]？孰能安以动之徐生[⑪]？保此道者，不欲盈。夫唯不盈，故能敝而新成[⑫]。

【注释】

① 豫兮：畏缩不前。这里指寒冷战栗的样子。

② 犹兮：警觉、戒备的样子。

③ 俨兮：拘谨恭敬的样子。

④ 涣兮：突然轻松、如释重负的样子。

⑤ 敦兮：忠厚老实的样子。

⑥ 旷兮：虚心若谷、胸怀坦荡的样子。

⑦ 混兮：日理万机、竭忠尽智忙得不亦乐乎的样子。

⑧ 澹(dàn)兮：恬淡、寡欲、从容不迫、宁静致远的样子。

⑨ 飂(liù)兮：飘摇不定。这里指忙碌不停的样子。

⑩ 浊以静之徐清：指坚忍不拔、耐心追索，从混沌中厘清和梳理出头绪。

⑪ 安以动之徐生：不好高骛远，不急功近利，不拔苗助长，根据事物规律，等待萌动和生发。

⑫ 敝而新成：强调认识事物的发展规律，满则溢，盈则亏，壮则老。事物发展到一定程度，必然要衰老、凋敝。要认识凋敝，预防凋敝，处理凋敝，早作准备。这就要求执政者吐故纳新，开放改革，与时俱进，置事业于可持续发展和不败之地。

【解读】

本章是老子哲学政治观的表述。其起句似为“古之善为道者，微妙玄通，深不可识”解谜，实则是叙述圣人爱民治国的艰辛与欢乐，并形象地描绘圣人如何战战兢兢、如临深渊、如履薄冰、苦心孤诣、夙夜匪懈、任劳任怨、鞠躬尽瘁的情景。

二千五百多年来，人们普遍认为老子的无为之治是返璞归真，只是顺其自然，甚至什么也不做，深读本章就会感到这是大错特错了。无为之治是圣人操碎了心换来的，以下情景就是写照：

寒冬过河，不论是涉水或是履冰，其情其景，是多么的危险；

做客人家，众目睽睽，一举一动，需要多么的小心谨慎；

为国为民解决了重大问题，犹如坚冰融化，压心之石落地，是何其舒畅；

以赤诚纯朴之心和虚怀若谷的胸襟对待黎民百姓，又是何其潇洒超脱；

国事民事，纷繁如浊水，能够不厌其烦，日夜操劳，冷静处理，逐步予以厘清；

人们不理解，不认识，不配合，能够耐心说服，耐心地等待他们的觉悟和行动。

执政者还得密切注视着事物的发展、政策的实施，掌握着火候，不能过度，不能极端。物壮则老，物极必反，壮极必敝。敝者，衰败之始也。圣人识之，所以不得不改革创新，是谓“敝而新成”。

第十六章　致虚极

致虚极；守静笃。万物并作，吾以观其复。夫物芸芸，各复归其根。归根曰静[①]，静曰复命[②]。复命曰常[③]，知常[④]曰明。不知常，妄作，凶。知常，容[⑤]，容乃公[⑥]，公乃正[⑦]，正乃天[⑧]，天乃道，道乃久，没身不殆。

【注释】

① 静：寂静，应作寂而不静解。万物有生有灭，走完生的过程，就得归根，归根曰静。静就是寂灭，由此，进入回归本源的解体过程。

② 复命：指万物归根后的解体过程。

③ 常：指万物回归到永恒的本体状态。

④ 知常：强调要认识和知道事物发展和生灭的规律。

⑤ 容：容纳，宽容，有容乃大。

⑥ 公：大公无私，一视同仁。

⑦ 正：正大光明。

⑧ 天：指天道。主指物质的本体，是生万物、养万物的天道之源。

【解读】

本章是唯物认识论具体实践的范例。同时，揭示万物的生发规律和归宿，最后，将永恒之道“常”，引入人文领域。

“致虚极”，去掉权、名、利、物之欲，排除一切内心的、外感的干扰，达到清净虚无的状态。

“守静笃”，坚守深沉宁静，隔绝一切情感和情绪的影响，犹如一潭静水。

只有排除了一切干扰(不论是内在的，外在的，传统的和社会意识形态的)，才能真实地观察事物、认识事物、如实地反映事物。

万物生、长、壮、老、消亡、转化，生生不息；经过反复观察，反复验证，才能掌握事物发展的规律。

万物是在周而复始的生息循环中发展，经过生的过程，又回归到它的原始之“根”的虚无母体。回归到母体，好像是“静”息了，其实是再度回到运动、变化和按规律发展的永恒之道中，这就是“复命”。“复命”就是回归到永恒之道。永恒之道就是“常”。认识永恒之道，掌握永恒之道的属性和发展规律，可以说是达到高于智慧的“明”了，即“知常曰明”。

知道事物发展永恒规律的人，就不敢妄为，不敢随心所欲。妄为和随心所欲，其结果是凶恶的，即“妄作，凶”。

这里，将知“常”视为悟道，看作是真正掌握了“道”的真谛。掌握了“道”的真谛，就像进入浩瀚无垠的太空，胸襟会变得无限宽广，就会包容宇宙万物；光明磊落，大公无私；生而不有，为而不恃，长而不宰。这样，就和天、道、自然融为一体，终身不殆。

第十七章　太　上

太上[①]，不知有之；其次，亲而誉之；其次，畏之；其次，侮之。信不足焉，有不信焉。犹兮[②]其贵言[③]。功成事遂，百姓皆谓："我自然"。

【注释】

① 太上：至高无上。这里指圣人。

② 犹兮：战战兢兢如临深渊、如履薄冰的样子。

③ 贵言：贵，重视。言，言表，言行。指对自己的言行举止，极为重视，唯恐有失。

【解读】

本章是以老子哲学政治观评价执政者，充分彰显以人为本、广大黎民百姓是一切价值主体的精神。

这里将执政者治国分为四类：

一、太上之治，是理想之治。执政者以百姓之心为心，以道之属性为准则，生而不有，为而不恃，长而不宰。人们只见日月经天，四时运转，雨露普施，万物并作，却觉察不到执政者的存在。

二、明君之治，能重视人民的疾苦，不欺民，不扰民。老百姓愿意亲近他们，赞誉他们。

三、严刑峻法之治，老百姓只是畏惧统治者。

四、暴政、虐民之治，百姓在残酷统治下，只能诅咒统治者。

统治者怎样对待百姓，百姓自然会产生不同的反应，这就是“信不足焉，有不信焉”。

太上之治，谨言慎行，生怕伤害百姓，功成事遂，退让为主，百姓不知道他的存在，都说我们本来就是这样呀。

第十八章　大道废

大道废，有仁义[1]；智慧[2]出，有大伪；六亲不和，有孝慈；国家昏乱，有忠臣。

【注释】

① 仁义：指为统治者文过饰非、掩盖罪恶的假仁假义。

② 智慧：指虚伪奸诈、阴谋诡计的邪用智慧。

【解读】

本章阐述阶级产生、统治阶级形成后的“仁、义、礼、智、信”。读懂本章就等于认识了已经打上阶级烙印的“仁、义、礼、智、信”，就容易接受第十九章的“绝圣弃智，民利百倍”和第六十五章的“以智治国，国之贼”的观点了。

何谓“大道”？最古老的阐述是“大道之行也，天下为公，选贤与能，讲信修睦，故人不独亲其亲，子其子……”“大道废”，是指原来天下者天下人之天下也，变成天下者统治者一个人之天下也。“普天之下莫非王土，率土之滨莫非王臣”“君让臣死，

臣不得不死”“大人(王侯大公)世袭以为礼”。周朝国君自称是“天之元子，君临天下”。裂土封侯时，主要封给周氏家族。

国家属于国君一个人的，同族成为贵族，官员成为管家，百姓成为奴隶。所谓“刑不上大夫，礼不下庶民”(《礼记·曲礼》)。这是说，贵族和士大夫为非作歹犯了罪，可以不受惩处，而善良朴实的黎民百姓是贱民，是奴隶，没有人权，对他们不必讲礼貌，可以随意侮辱。如此讲道德，说仁义，其虚伪性和欺骗性，不是昭然若揭吗？同样，此时的智慧也就成为巧伪奸诈的源泉，集阴谋诡计之大成了。整个社会伦理颠倒，六亲不和。这时出现了许多调和君臣、父子和夫妇关系的贤臣及孝子贤孙；国君暴虐，国家昏乱，管家们忧心忡忡，冒死进谏，这样就出现了许多耿耿忠臣。

第十九章　绝圣弃智

绝圣弃智，民利百倍；绝仁弃义，民复孝慈；绝巧弃利，盗贼无有。此三者以为文[①]，不足。故令有所属[②]：见素抱朴，少私寡欲，绝学无忧。

【注释】

① 为文：作为文过饰非、掩盖罪恶之用。

② 令有所属：可以使天下归心的是……

【解读】

本章和第十八章，是老子哲学站在唯物主义立场，以辩证的观点，对奴隶制社会的上层建筑和意识形态，进行实事求是的揭示和尖锐的批判。

老子直截了当地指出：什么圣贤、智慧、仁义、道德，统统是骗人的把戏，是坑民、害民，破坏社会伦理，造成逼良为盗的社会根源。这些遮羞布不足以文饰他们罪恶的本质。

真正可以使天下归心的是：执政者的真诚纯朴、少私寡欲的德行。用现代语来说，就是要改变根本立场，要以“百姓心为心”(第四十九章)。

所以，不学这些欺世盗名、巧伪奸诈之学，天下反而会平安无事(绝学无忧)。

第二十章　唯之与阿

唯之[①]与阿[②]，相去几何？美之与恶，相去若何？人之所畏，不可不畏。荒兮，其未央哉[③]！众人熙熙，如享太牢，如春登台。我独泊兮，其未兆[④]；沌沌[⑤]兮，如婴儿之未孩；累累[⑥]兮，若无所归[⑦]。众人皆有余，而我独若遗。我愚人之心也哉。俗人昭昭，我独昏昏。俗人察察，我独闷闷。众人皆有以，而我独顽且鄙。我独异于人，而贵食母[⑧]。

【注释】

① 唯之：唯唯诺诺，恭敬奉承。

② 阿：与唯唯诺诺相对，怠慢回应。这里应作冷眼鄙视，甚至呵责。

③ 荒兮，其未央哉：荒兮，遥远呀；未央，没完没了。整句意思：从古到今呀，都是这样，没完没了。

④ 我独泊兮，其未兆：唯独我淡泊呀，一点引不起兴趣。

⑤ 沌沌：模糊不清。这里应作天真无邪解。

⑥ 累累：精疲力竭的样子。

⑦ 若无所归：指寻觅救万民于水火的良策，还没有着落。

⑧ 食母：国以民为母，民以食为天。食母，指万民活命生存、人权和温饱问题。

【解读】

本章是老子自身真实心境的描绘，用词谦卑，幽默自嘲。

第一部分是说，自古以来士大夫社会或是贵族社会的人们，对个人的荣辱、浮沉、毁誉看得如此之重，达到人人皆畏、不得不畏的地步。老子言下之意，自己视之若浮云。

第二部分是老子倾诉自己忧心忡忡的心情，牵挂着苦难的黎民百姓，念念不忘圣人之治、大道之行。见到人们熙熙攘攘，争权夺利，如赴盛宴，如春登台，而自己却心无归处、食不甘味、昏昏闷闷的状态。

但是，老子最后表示，为道之心，坚定不移，一息尚存，永矢弗谖。“我独顽且鄙。我独异于人，而贵食母。”食母者，天下苍生之生计也。

第二十一章　孔德之容

孔德[1]之容，惟道是从。道之为物，惟恍惟惚。惚兮恍兮，其中有象；恍兮惚兮，其中有物；窈兮冥兮，其中有精；其精甚真，其中有信[2]。自今及古，其名不去，以阅众甫。吾何以知众甫[3]之状哉？以此。

【注释】

① 孔德：孔，观察、洞悉。德，物质的属性。孔德，深入观察物质的属性。

② 信：真实、可信；信息、信使。这里可作两解：一指规律和秩序的真实和可信。二指物质运动变化给出的信息。

③ 众甫：众，万物。甫，起始，指万物始生、始作。

【解读】

本章是老子哲学本体论中具有重要意义的篇章。

“德”在这里应该解释为“道”的物质本性。

这是根据“道”的物质基础“有物混成”之物而言的。

客观世界是物质的，不论是推导或是假设，老子哲学都是极其严肃和慎重地围绕着“物”的存在展开的，丝毫没有掺进意识的主宰、神的存在、上帝的旨意或是“绝对精神”等成分。

首先指出，物质存在的母体是一个虚空的统一体。“道之为物，惟恍惟惚。”这是说，物质存在于恍惚的统一体中。什么是“恍惚”？第十四章已作描述：“其上不皦，其下不昧，绳绳兮不可名，复归于无物，是谓无状之状，无物之象，是谓恍惚。”这是说，这一虚无的统一体不光不暗，幽深莫测，可以把它看作是无状之状、无物之象的一种物质存在的形式，这就是空间。

空间是物质，物质存在于空间。在幽深莫测的空间中，存在着“象”“物”“精”“信”。何为“象”“物”“精”“信”？它们是物质存在的几种形式。根据科学的发展，人类知识的拓展和认识的深化，将会有更确切的答案，这里暂将其归纳为以下三点。

一、“象”，形也，“物”，质也，两者分别表示物质存在的现象和本质。现代科学证明，一切

粒子都具有波粒二象性，既是波动，又是粒子，这就是物质存在的“象”和“物”。

二、“精”，传统认为，练精化气。气者，动也，气之本为精。所以，“精”可以理解为能量。

三、“信”，可以理解为物质运动规律的可信性。物质的运动是规律之动，不是乱动，其动是可以期待的，是守信的。“信”也可以理解为信息。两种意思结合起来，就是说空间中充满着可信的规律和种种物质运动的信息。

以上三点，可以和现代科学接轨。这与德谟克利特的原子论比较,后者只有部分与现代科学相符。但是，老子之说具有更高的哲学概括，并且是开放的，具有更大的发展空间。

最后强调，物质的根本是“恍惚”的统一体(空间)，“象”与“物”(质量)、“精”(能量)和“信”(规律的可信性)，就是物质永恒存在的本体。根据这个观点，可以认识天地万物的根源(以阅众甫)。

第二十二章　曲则全

曲则全，枉则直，洼则盈，敝则新，少则得，多则惑。是以圣人抱一为天下式。不自见，故明；不自是，故彰；不自伐，故有功；不自矜，故长。夫唯不争，故天下莫能与之争。古之所谓“曲则全”者，岂虚言哉！诚全[1]而归之[2]。

【注释】

① 诚全：诚，诚实。诚心求全而得真实之全。

② 归之：归全抱一。指屈伸相存，曲直共处。

【解读】

本章形象而具体地阐述了事物运动中的辩证规律。

委屈可以求全，知枉可以纠正，处洼可以纳物，识凋敝可以创新，积少可以成多，积多可以致烦惑。圣人处虚、处谷、受曲、知枉，与万民和光同尘，共处一体(抱一)可以为天下楷模。

执政者的行为关系着万民的苦乐、社会的治乱、天下的兴亡。因此，切忌刚愎自用，自以为是，居

功自傲;即使功劳盖世,也不要以救世主自居(自伐、自矜),这样,才能使国家长治久安。后其身,外其身,无私、无欲、无争、无妄,按事物发展规律办事,这样天下莫能与之争。

圣人委屈自己以成全天下,这不是虚言,而是一则原理。

第二十三章　希言自然

希言[1]自然。故飘风不终朝，骤雨不终日。孰为此者？天地。天地尚不能久，而况于人乎？故从事于道者，同于道；德者，同于德；失者，同于失。同于道者，道亦乐得之；同于德者，德亦乐得之；同于失者，失亦乐得之。信不足焉，有不信焉。

【注释】

① 希言：希，听而不闻曰希，又可解释为稀少。希言，指大自然的无言之言和稀少之言。

【解读】

本章以自然现象说事，取类比象，以此寓意，以此寓教。

世界上任何力量都大不过大自然，而大自然的暴风骤雨都是短暂的，超不过一早一晚。老子以此警示：暴力是不会持久的，这是规律，是事实，是历史的总结。

按事物规律办事，事物规律就会帮助你，成全你。事于道、事于德者，道和德就会和你相伴而行，

这就是“同于道，同于德”。失于道、失于德者，道和德就会弃你而去，这就是“失者，同于失”。

办一切事情都是这样，你不诚信对待人家，人家也不会诚信对待你(信不足焉，有不信焉)。

第二十四章　企者不立

企[①]者不立；跨[②]者不行；自见者不明；自是者不彰；自伐者无功；自矜者不长。其在道也，曰：余食[③]赘[④]形，物或恶之，故有道者不处。

【注释】

① 企：踮起脚跟站立。

② 跨：阔步跨越。

③ 余食：吃剩的残食。

④ 赘：多余生出之物，如赘疣。

【解读】

本章强调为学、为事、为人必须注意和遵循的一些法则。

踮脚远眺，既站不稳，又看不远；跨步而行，既费力，又不持久，难成千里之行。还是站稳脚跟，循序渐进，不要好高骛远，欲速不达。

自逞其能，处处表现自己者，虽智不明；自以为是，刚愎自用者，只能坏事，不能彰显事业；居功自傲者，必毁大功；妄自尊大者，难以久长。这

些与为道者的生而不有、为而不恃、功而不居、长而不宰相比，就像残羹剩饭、赘物秽形一样，讨人厌恶，为有道者所不取。

第二十五章　有物混成

有物混成，先天地生。寂兮寥兮，独立而不改，周行而不殆，可以为天地母。吾不知其名，强字之曰道，强为之名，曰大①。大曰逝②，逝曰远③，远曰反④。故道大，天大，地大，人亦大。域中有四大，而人居其一焉。人法⑤地，地法天，天法道，道法自然。

【注释】

① 大：指空间之大，大到无边无际，大到久远永恒。

② 逝：流逝。指物质的本体如水流逝，永不停息地运动着。

③ 远：指时空的久远，物质运动向无限远处伸展。

④ 反：指时空的无终之终，犹如重返原处，从而“周行不殆”。

⑤ 法：效法。这里应作继承和发展解。

【解读】

本章是辩证唯物论的核心篇章，是老子哲学最精华部分。

本章明确指出，宇宙万物是物质的，它是从“有物混成”开始，而不是从“理性”、“绝对精神”或是“梵天”、“上帝”、“造物主”开始。物质是首先出现的，是第一性，是宇宙万物的本体，是先天地而生的。两千五百多年前的八个字“有物混成，先天地生”，论断了哲学史中长期存在、争论不休的“物质与精神”的关系问题。

物质世界是“有物混成”的独立统一体。“寂兮廖兮，独立而不改”，这个独立统一体，不因任何力量的作用而改变，也没有任何外在力量可以改变它，这就是物质世界的一元论。

但是，物质又是“有物混成”的，是诸多因子的混合体，所以，物质世界，既是一元论的统一体，又是多元的混合体。这些多元的因子，各有各的属性，相辅相成，又可互变，却又不可分离。这就是辩证唯物论关于物质世界的一元论和多元论的辩证关系。

物质是永恒运动的，并且不是直线运动而是带有往复性的运动(周行而不殆)。

这个作为天地之始、万物之母的“有物混成”之物，老子将其命名为“道”。

老子不知道如何名状这个“道”，只得勉为其难地将其名状曰：大，道之大，大到无边，小到无小；逝，流逝，运行不息的流逝；远，远去。运行延伸到无限远处；反，延伸到无限远处，似乎又回到原点，重新开始。因此，“道”永远是“周行不殆”的。

“道”是如此之大，其所生的天也大，地也大，人也大。这里需要解释的是，人之所以也大，是因为人类是物质高度发展的产物，是宇宙之精华，是万物之灵长，人和道、天、地是一样伟大的。“人法地，地法天，天法道，道法自然”，这是物质发展的流程，也是人类产生的流程。这个哲学观是两千五百多年前“进化论”的雏形。

第二十六章　重为轻根

重为轻根，静为躁君。是以君子终日行不离辎重①。虽有荣观②，燕处③超然。奈何万乘之主，而以身轻天下？轻则失根，躁则失君。

【注释】

① 辎重：外出时所带衣物箱笼，行军时所带器材、粮草。

② 荣观：荣华富贵，锦衣玉食，前呼后拥，无限风光。

③ 燕处：燕然处之，即淡定对待。

【解读】

本章以事物的常理说事，强调执政者要稳重，不得轻浮；要冷静，不要狂躁；要理性，不能意气用事。

重可以制轻，静可以驭躁；千里之行，不离食用辎重相随。

身居高位，满眼荣华富贵，一定要稳重、冷静、理性。“见素抱朴，少私寡欲”(第十九章)，淡然处之。

倘若万乘之国的君王，玩世不恭，轻浮放荡，随心所欲，视天下为儿戏，其失身、失位、失国必矣！

第二十七章　善　行

善行，无辙迹[①]；善言，无瑕谪[②]；善数，不用筹策[③]；善闭，无关楗[④]而不可开；善结，无绳约[⑤]而不可解。是以圣人常善救人，故无弃人；常善救物，故无弃物。是谓袭明[⑥]。故善人者，不善人之师；不善人者，善人之资。不贵其师，不爱其资，虽智大迷。是谓要妙。

【注释】

① 辙迹：痕迹。辙，车轮压迹。

② 瑕谪：缺点，毛病。瑕，瑕疵，玉之污斑。谪，可指责之处。

③ 筹策：古时运算用具。

④ 关楗：门闩。

⑤ 绳约：指结绳记事。

⑥ 袭明：秉承天地纯朴的智慧。袭，继承。明，明智。

【解读】

本章以天道运行，无声无息，无失无误，深奥

莫测。借此说明圣人爱民治国，包容万物万民；既救人又救物；既不弃人，又不弃物。

首先描述：

“善行，无辙迹”，日月经天之行，哪里有辙迹？

“善言，无瑕谪”，自然希言，为无言之言，何来瑕谪？

“善数，不用筹策”，天文历谱，准确无误，并未用筹策。

“善闭，无关楗而不可开”，高天厚地，并无关楗，谁能打开？

“善结，无绳约而不可解”，树木年轮，为岁月之结，谁能解开？

圣人之治，就像天道运行，无声无息，衣养万物而不为主，救人救物，而不弃人弃物。以善人作为不善人的老师，以不善人作为善人资鉴，这就是圣人的大智。否则，“虽智大迷”。这便是爱民治国的要领(要妙)。

第二十八章　知雄守雌

知其雄[1]，守其雌[2]，为天下溪。为天下溪，常德不离，复归于婴儿。知其白[3]，守其黑[4]，为天下式。为天下式，常德不忒，复归于无极。知其荣[5]，守其辱[6]，为天下谷。为天下谷，常德乃足，复归于朴[7]。朴散则为器，圣人用之，则为官长[8]。故大制[9]不割[10]。

【注释】

① 雄：英雄，强势。

② 雌：以母亲的胸怀，怀柔、关爱一切。

③ 白：光辉，耀眼。

④ 黑：守住“其上不皦，其下不昧”，不光不暗，和光于民。

⑤ 荣：荣华富贵，风光无限。

⑥ 辱：甘守清贫，与民同命。

⑦ 朴：纯朴无私，天真无邪。

⑧ 官长：指为人民服务，当好管家。

⑨ 大制：施行“天下为公”的大道。

⑩ 不割：不伤害人民。

【解读】

本章是老子哲学将道的属性引入人文领域并付诸实践的描述。

执政者效法物质运动、变化和发展的无私、无欲、无争、无妄本性而以民为本，以“百姓心为心”。如此，就能做到知雄守雌，知白守黑，知荣守辱。为人民任劳任怨，忍辱负重，俯首甘为孺子牛。

处溪、处谷，置自身于天下苍生之下，以婴儿般的赤子之心、纯朴无邪之诚对待黎民百姓。

“常德不离，常德不忒，常德乃足”，是指对于“生而不有，为而不恃”“功而不居，长而不宰”的玄德，要坚持不懈，不离不弃，严格遵守，绝不违背。这样，就可以“常德乃足”，归于赤子之心，臻于无极状态。最后达到纯朴无邪，为天下万民当好管家，行大道之制却不伤害百姓。

第二十九章　天下神器

将欲取天下而为之，吾见其不得已。天下神器，不可为也，不可执也。为者败之，执者失之。是以圣人无为，故无败；无执，故无失。夫物或行或随①；或嘘或吹②；或强或羸③；或载或隳④。是以圣人去甚，去奢，去泰⑤。

【注释】

① 或行或随：忽前忽后。

② 或嘘或吹：忽急忽慢。

③ 或强或羸：忽强忽弱，忽严忽宽。

④ 或载或隳：忽建忽毁，忽树忽倒。

⑤ 泰：极欲的要求，过分。

【解读】

本章是老子哲学政治观的表述。天下者，天下人之天下也。任何人，不论是个体或是群体不得将其据为私有，更不得任意摆布，违者，必败。

夺取天下，据为已有，为所欲为，是不能得逞的。天下者，天下人之天下也，是万民身家性命赖以生存的处所，这就是天下之所以神圣而谓之“神器”。天下不同于一般事物，不可以随意摆布，不可以“或行或随；或嘘或吹；或强或羸；或载或隳”，为所欲为者必败，据为己有者必失。所以圣人爱民治国，无私，无欲，无争，无妄，“生而不有，为而不恃，功而不居，长而不宰”，就不会有败和失。

圣人治国，坚决去除甚欲(甚)、不知足(奢)、欲得(泰)。“罪莫大于甚欲，祸莫大于不知足，咎莫大于欲得”。(第四十六章)

第三十章　不以兵强天下

以道佐人主者，不以兵强天下，其事好还[①]。师之所处，荆棘生焉。大军之后，必有凶年。善有果而已，不以取强。果而勿矜，果而勿伐，果而勿骄。果而不得已，果而勿强。物壮[②]则老[③]，是谓不道[④]，不道早已[⑤]。

【注释】

① 好还：遭报应。还，还报。

② 物壮：指事物发展到强壮极盛。

③ 老：老化，凋敝。

④ 不道：指事物衰老、退化、凋零、败落到失调、不和谐，导致失却正常规律。

⑤ 早已：凋亡。

【解读】

本章是老子哲学的反战观。

凡辅助国君治国者，不要劝说和鼓动统治者穷兵黩武，以武力称霸天下。历史史实证明：好战者要遭报应的(“其事好还”)。

战争过处，城摧乡毁，家破人亡，田园荒芜，荆棘丛生；大军过后，必有凶年。所以，为战者，只求屈人之兵，取得战果而已，不要攻城略地，强力夺取。

取得战果，不骄不傲，更无功可居。为取胜而采取战争行为是迫不得已的事。胜利了要“果而勿强”。“勿强”表示不要逞强，更深一层的意思是，以武示强不是真强，勿以为强。

最后老子哲学提出警告：“物壮则老，是谓不道，不道早已。”具体说，物质发展的规律是生—长—壮—老—不道(凋敝)—已(消亡)。这里提示：事物发展到强壮极盛时，必然出现：壮则老，老则敝(不道)，敝则已(消亡)。

第三十一章　不祥之器

夫兵者不祥之器。物或恶之，故有道者不处。君子居则贵左①，用兵则贵右②。兵者不祥之器，非君子之器，不得已而用之，恬淡为上。胜而不美，而美之者，是乐杀人。夫乐杀人者，则不可得志于天下矣。吉事尚左，凶事尚右。偏将军居左，上将军居右，言以丧礼处之。杀人之众，以悲哀泣之，战胜以丧礼处之。

【注释】

① 贵左：古人以左为阳，为生，为吉。

② 贵右：右为阴，为杀，为凶。

【解读】

本章为反战篇。

战争是不祥的，是万民所深恶痛绝的凶事。在不得已而战时，还是以不战而屈人之兵，为善之善。切勿乐于战争。乐于战争，就是乐于杀人，乐于杀人的人，将失尽天下人之心。

即使战争胜利了，还是以丧礼处之，因为杀了许多人。

附言：左为吉，为君子所居。右为凶，为兵者所处。以此贬咒战争。

第三十二章 无 名

道常无名。朴[①]虽小，天下莫能臣。侯王若能守之，万物将自宾[②]。天地相合，以降甘露，民莫之令而自均[③]。始制有名，名亦既有，夫亦将知止，知止[④]可以不殆。譬道之在天下，犹川谷之于江海。

【注释】

① 朴：纯朴无华，处谷、处下、处虚、处小。

② 自宾：各自宾服于物质运动的规律。

③ 自均：指物质运动、变化的自我调控。

④ 知止：指物质运动、变化的自我知止，止于规律和秩序。

【解读】

本章将天道引入人道，也就是将自然属性用来改造人文领域。

永恒之道，无法名状，其纯朴而处小到不足为计的状态，然而天下没有可以凌驾其上的。王侯们若能坚持道的德性，天下将会万物并作，风调雨顺，和谐共处，国泰民安。这里所谓的道的德性，是指

处下、处虚、处弱，无私、无欲、无争，生而不有、为而不恃、功而不居的属性。

天下万物从无到有。从无法名状到可见、可听、可摸的千姿百态，万景、万象和万事、万物。面对万象、万景、万事、万物，要知道，道之所止。止者，道之规律和德性也。知道道的规律和德性，就不会妄为，就不会随心所欲，为所欲为。这样，才不至于陷于危殆的境地。

道之于天下就像川谷和大海，处下而知止，结果是万水奔流终归大海。

第三十三章　知　人

知人①者智，自知者明；胜人者有力，自胜②者强。知足者富。强行者有志。不失其所者久③。死而不亡者寿。

【注释】

① 知人：广义的知人是指认识人类。一般指了解他人。

② 自胜：指真正强者是战胜自己，超越本我，超越自我，达到超我的强人。

③ 不失其所者久：知道自己职责所在，敢于担当，尽职尽责，死而后已，这样的人才可以长久。

【解读】

本章是老子用其哲学观来观察人文领域的人和事，

自知者，是明于智，高于智。知人者，只是智而已。这里提示：只有大智者才能自知，才能认识自己。只有认识自己，才能管控自己，才能超越自我。

知足者，不为人欲、私欲所掌控，依道而行，

知所止而止，而不会甚欲、不知足、欲壑难填。这样，才能成为不失足的富者。

为正义、为理想能强制自己身体力行者，才是有志者。

为人做事，能谨记自己的职责而尽职尽责，不失其所处之地位者，才可以长久。

生命虽终结,而其言行和功业令人念念不忘者，才是正真的长寿。

本章是老子哲学人生观的理论和实践基础，具有超越时空的意义和普世价值，在人类哲学史中，是无与伦比的理性和良知的智慧结晶。

第三十四章 道 泛

大道泛兮[1]，其可左右。万物恃之以生而不辞[2]，功成而不有。衣养万物而不为主，可名于小[3]；万物归焉而不为主，可名为大。以其终不自为大，故能成其大。

【注释】

① 泛兮：广阔无边的样子。

② 不辞：不推诿其责，不辞辛劳。

③ 小：指如朴之小。

【解读】

本章是老子哲学对物质世界本质及其属性的论述。

既知道“道”就是“有物混成”之物，那么，“大道泛兮，其可左右”就好理解了。有物质的地方就有“道”，哪里都有，不论左右。

万物为“道”所生，依“道”而生，道生万物，生而不辞，功而不居，“衣养万物而不为主”。“道”的不辞、不居、不主的无私和无欲，达到了令人不

觉其存在的地步，这就是近乎“无”的朴小。

但是，天地万物统统属于“道”，归于“道”，“道”又是如此伟大！这就是圣人行大道，为小，不为大，终成其大的道理。

第三十五章　执大象

执大象[1]，天下往。往而不害，安平泰[2]。乐与饵，过客止。道之出口，淡乎其无味，视之不足见，听之不足闻，用之不足既[3]。

【注释】

① 大象：指大道。

② 安平泰：指可以安居乐业的地方。

③ 既：竭尽的意思。

【解读】

本章是老子哲学的政治主张。行大道，是利民的，是民心所向的。

执大象的意思就是行大道。行大道，天下归心，万民向往，趋之若骛，留者安泰。

优美的音乐和诱人的食品，只能留下行人的脚步。

以语言论道，道是淡而无味，虽视之不见，听之不闻，但用之却不会枯竭。换句话说，道的纯朴无华，虽然看不见、听不到，但这是永恒的存在，充之不满，用之不竭。

第三十六章　微　明

将欲歙之，必故张之；将欲弱之，必故强之；将欲废之，必故兴之；将欲取之，必故与之。是谓微明[①]。柔弱胜刚强。鱼不可脱于渊，国之利器不可以示人[②]。

【注释】

① 微明：察微之明，可以明察秋毫。本章所指，系致败敌方阴谋设局之明。按老子哲学，这是属于智慧邪用的小聪明，或是“以奇用兵”(第五十七章)的谋略。

② 示人：指以武力示人，表示发动战争。

【解读】

本章述说三个问题。

事物的辩证属性、对立的相互关系，张与歙，强与弱，兴与废，给与取，这些对立的辩证属性，离开具体的事物和价值的主体来读，是不着边际的空谈，没有实际意义。所以，所谓的“微明”就成为多义词，随着所指事物的不同，可以作不同的解释。

柔弱胜刚强，这句话似乎是对一些事物现象的描述，实则是老子哲学的政治主张。刚强为本，柔弱为用，“弱者道之用”（第四十章）。一个国家只有自身强大到不战而屈人之兵的时候，才能以和平对付战争。这个时候，才可以“柔弱胜刚强”。

“鱼不可脱于渊，国之利器不可以示人。”鱼，不脱离深渊是守弱深藏，保护自己。爱好和平，不惹任何人，只希望安居乐业，这是人类美好的愿望。但是，和平是祈求不来的，世界上难免有“甚欲、不知足和欲得”的统治者，他们要称霸，要扩张，要掠夺资源，就是要发动战争。因此，必须做好充分准备，做好不可战胜的准备，这就是“国之利器”。这个“国之利器”只用于防御，不用于发动战争。所以说“国之利器不可以示人”。“示人”者，发动战争也，示人以武力也。

第三十七章　道常无为

道常无为而无不为。侯王若能守之，万物将自化[1]。化而欲作[2]，吾将镇之以无名之朴。镇之以无名之朴，夫将不欲。不欲以静，天下将自正。

【注释】

① 自化：指无私无欲引出的风调雨顺、万物并作、国泰民安、安居乐业的景象。

② 欲作：指繁荣、富裕导致人的私和欲的膨胀。

【解读】

本章将天道引入人道，强调无私、无欲、无争、无妄之为，才能无所不为。

“道”生万物，养万物，生而不有，为而不恃，功而不居，长而不宰。“道”永远是无私、无欲、无争、无妄、无所不为、无微不至地衣养万物、呵护万物。

执政者如果能遵从和坚守道之德来治理天下，天下就会风调雨顺，国泰民安，社会和国家就会长足发展。但是，国家发展了，强大了，社会繁荣了，百姓富裕了，执政者往往会自满、骄傲、忘乎所以，甚至开始“甚欲、不知足、欲得”。这时候还得用“道”的无私、无欲、无争、无妄之德予以修正，这就是“镇之以无名之朴”。只有紧紧依照“生而不有、为而不恃、功而不居、长而不宰”的道之德，才能制止“甚欲、不知足和欲得”。

这里将“欲”视为国家、社会不安和动乱的根源，也是发动战争的动因。所以，只有“不欲”，天下方可安定，才能太平。

第三十八章　上　德

上德不德[1]，是以有德；下德不失德[2]，是以无德。上德无为而无以为；下德为之而有以为。上仁为之而无以为；上义为之而有以为。上礼为之而莫之应，则攘臂而扔之。故失道而后德，失德而后仁，失仁而后义，失义而后礼。夫礼者，忠信之薄，而乱之首。前识[3]者，道之华，而愚之始。是以大丈夫居其厚，不居其薄；处其实，不居其华。故去彼取此。

【注释】

① 不德：指不是造作之德，不是做给人家看的德。

② 不失德：为了表示不失德而造作的假仁假义之德。

③ 前识：预测未来发生的事情。

【解读】

本章是老子哲学政治观的表述，用辩证法说事。只有行大道，才称得上是“上德”。“上德”

是无私、无欲、无争、无妄之德，是“道”的本质之德。“不德”，是说这个德不是造作之德，不是拿大旗作虎皮之德，这就是“上德不德，是以有德”的真正含义。“下德”是大道废，天下为私人、私家和私族所窃取后所讲之德。“不失德”是说窃国者用道德仁义来装潢门面、文过饰非的遮羞布之德，这个“德”是窃国者不能丢失，也是丢失不起之德，但是，这不是真德，故曰“下德不失德，是以无德”。

所以说，失道之后，拿“德”来遮羞，失“德”之后，拿“仁”来掩盖，失“仁”之后，拿“义”来包装，失“义”之后，只好用“礼”教作为制度强迫执行。忠、信损失殆尽，礼教成为统治人民的枷锁，社会不安，国家动乱便从此开始。

“前知者，道之华，而愚之首也。”这话是对占卜者说的。“前知者”，从字面可以理解为知道未来事物的人，暗指占卜者。当时占卜蓍龟极为流行，并将《易经》作为占卜的经典依据。老子指出，前知者，仅仅借用道之言辞，华而不实，对未来作教条式的推断，这是愚昧之举，为有道者所不取。

第三十九章　得　一

昔之得一[①]者，天得一以清；地得一以宁；神得一以灵；谷得一以盈；万物得一以生；侯王得一以为天下正。其致之[②]也，天无以清，将恐裂；地无以宁，将恐废；神无以灵，将恐歇；谷无以盈，将恐竭；万物无以生，将恐灭；侯王无以正高，将恐蹶。故贵以贱为本，高以下为基。是以侯王自谓"孤""寡""不谷"。此非以贱为本耶？非也？故至誉无誉[③]。是故不欲琭琭[④]如玉，硌硌[⑤]如石。

【注释】

① 得一：指同处一体，各行其道，相辅相成，和谐共济。

② 致之：推而论之的意思。

③ 至誉无誉：有两解，至极之誉就没有誉了；至极之誉，无须称誉。

④ 琭琭(lù lù)：光彩晶莹的样子。

⑤ 硌硌(luò luò)：坚硬的样子。

【解读】

本章以东方人论道的形式，叙述道之用在于“得一”。“得一”是老子哲学的重要政治主张之一。

何为“得一”？“得一者”，即得于道，得一“有物混成”的无限虚空之体。它可以包罗容纳一切，合于一体，各得其所，各行其道，相辅相成，和谐共处。这就是天所以清，地所以宁，神所以灵，谷所以盈，万物所以生，天下所以太平。否则，恐裂、恐废(塌陷)、恐歇(失去)、恐竭、恐灭、恐蹶。

“一”者，道之本、物之基也。民者，国之本、邦之基也。王侯居高处贵，若不以民为本，不以贱为基，那就危险了。尽管皇帝王侯自称孤、寡、不谷，似乎以贱为本，其实只是虚伪装饰之词。不是吗？

帝王高高在上，臣民山呼万岁，以为这是至誉，实则无誉，一旦失民，随即倒台。夏桀以太阳自居，终成亡国之君。

玉以罕为贵，以美为珍，只供玩赏；石以多为贱，以硬为用，可作基石，可撑大厦。

第四十章　道之动

反者道之动；弱者道之用。天下万物生于有，有生于无。

【解读】

本章揭示物质的运动及其辩证规律。

“反者道之动”：物质是运动的。运动是往返之动，是波动、滚动，旋转之动，周而复始之动。

“弱者道之用”的“弱者”，表示柔弱、虚无和空间，是说物质的效用在柔弱中，在虚无中，在空间中。与现代科学接轨，在原子物理学、力学、热学、电学、磁学中，可以看到质点的效应和相互作用都在空间，这些空间的效应区就是场，如力场、电场、磁场。

“天下万物生于有，有生于无”，“有”和“无”共处于“有物混成”的物质之中。结论是：宇宙万物是物质的，这是辩证唯物论的根本观点。

第四十一章 闻 道

上士闻道，勤而行之；中士闻道，若存若亡；下士闻道，大笑之。不笑不足以为道。故建言有之：“明道若昧①；进道若退②；夷道若类③；上德若谷；大白若辱④；广德若不足；建德若偷⑤；质真若渝；大方无隅⑥；大器晚成⑦；大音希声；大象无形；道隐无名。”夫唯道，善始且善成⑧。

【注释】

① 明道若昧：为道者始终在不知中求知，就像在黑暗中摸索一样。

② 进道若退：这和“为道日损”(第四十八章)的意思相同。指的都是为道者在制约私和欲中，让私和欲不断地退却。

③ 夷道若类：“行大道，唯迤是畏。”(第五十三章)这是指圣人把平坦大道看成崎岖难行。因为，圣人为民执政、施政，唯恐有失，哪怕一丁点偏差失误，都将给千万人民带来伤害和灾难。类，原为纇(lei)，崎岖不平。

④ 大白若辱：为道者是纯朴无邪的大白。但是，

不为白而白，因此，不怕污染，就像黑色一样，什么颜色也沾染不上。辱，作“黑色”解释。

⑤ 建德若偷：指建大德者，无声无息地做事，不沽名，不钓誉，不声张。偷，无声无息，不声张。

⑥ 大方无隅：指大道之方是无边无际的方正，没有棱角和死角。隅，角，棱角。

⑦ 大器晚成：大器之成，不是一朝一夕，而是累月经年、艰苦卓绝修炼而成的。大器，指大成就者、大贡献者、干大事者。

⑧ 善始且善成：指道生万物。“道生之，德畜之，物形之，势成之”(第五十一章)，无私奉献，自始至终，全程完成。

【解读】

本章是论道篇，讨论道之用。

假设三种人士来论道，只有上士才会接受认可，并身体力行；大部分人持怀疑态度，说可有可无，甚至有人认为荒唐可笑。“道”之为道，正是揭示那些荒唐可笑的东西，否则不足为道。

古时有这样的说法：明道的人，好像在黑暗中摸索；进道的人，许多事不敢做了，好像在退却；明明是康庄大道，他却认为崎岖难行；持德厚重的人，却把自己置于下位，虚怀若谷，以此容人、容物、容事。忍辱才能负重，只有甘心处污、处黑，才能去污、去黑，以成大白；即使广施大德，还是感到不足。建大德的人不为名，不为利，又不想让人知道，好像是在偷偷摸摸地干好事。质地纯真者，好像出土之玉，沾满污秽；至大之方是没有棱角的。大器之成不是一朝一夕的，是经过长期磨炼出来的。宇宙万物运行的大音是听不到的，其形象是看不到的。永恒之道是幽深隐藏，无法名状的，它是宇宙万物生成和从始至终不离不弃的母体。

以上是以东方论道方式叙述修道、为道的情况，并描述道的一些属性。

第四十二章　道生万物

道生一，一生二，二生三，三生万物。万物负阴而抱阳[①]，冲气以为和[②]。人之所恶，唯“孤”“寡”“不谷”，而王公以为称。故物或损之而益，或益之而损。人之所教，我亦教之：“强梁[③]者不得其死”，吾将以为教父。

【注释】

① 负阴而抱阳：以阴绕阳，背阴向阳。

② 冲气以为和：指能量与质量交互作用，和谐相处。古代哲学认为，气既代表能量，又代表物质。又解：阴阳相互激荡，合为一体。

③ 强梁：指蛮横霸道、施暴凶残者。

【解读】

本章揭示物质的发展规律，明确提出，客观世界是从物质发展而来。这是二千五百多年前进化论的雏形。

第一部分是本体论和宇宙观。“道生一”，说明“道”是“有物混成”的统一体，它是唯一的统一体。“寂兮寥兮，独立而不改”，这是唯物论的“一元论”。

“一生二”，统一体中有“虚”有“实”，有“有”有“无”，有“阴”有“阳”。“二”代表统一体中对立的两个方面，不能解释为一个生两个，因为统一体中可以有多个的对立面。这就是一元论中的多元论，是物质的客观存在，是物质存在的辩证规律。

“二生三”按古老和传统的说法，可以有以下含义：

一、统一体中的“阴”和“阳”交合，又称阴阳合孕(《唐玄宗御注道德真经》)，后者为“二”所生之“三”。“冲气以为和”，阴阳相互激荡而生万物。

二、按当时流行的学说和易经的理论，“一”为太乙，又称太极或太易。太易者，未见气。太初者，气之始也。太始者，形之始也。太素者，质之始也。气、形、质三者未相离，谓之混沌。混沌就是天地万物未相离的原始状态。所以，气、形、质三者相混的混沌状态，就是宇宙之始、万物之源。

上述对“二生三，三生万物”的诠释，将有助对本章的深入理解。

老子以“二”为基数，涵盖了阴阳、虚实和有无；用“三”，既表示数，又表示众多。这给唯物论思维的发展留下充分空间。由本章联系第二十一章，可以推断“三”可能指“象”(形)、“物”(质)、“精”(气)三者作为“有物混成”之“物”的三个因素，而“信”表示运动和规律的可信度，并非物质，所以排除在“三”之外。

“三”同样可以和现代科学接轨，物质的根本是空间(场)、质点(粒子)和能量(运动)。

第二部分“万物负阴而抱阳，冲气以为和”。这是对物质结构的描绘，不论宏观和微观都可以和现代科学接轨，并且相当准确。从原子、太阳系到银河系都是负阴抱阳。以质子、太阳、银心(系指银河系中心，银河自转的轴心。专有名词)为核心，以虚负阴，围绕核心旋转而行。“冲气以为和”，一语概括了物质世界永恒运转的根本原因是能量。能量以运动的方式，以力为纽带，包括引力和斥力，维护着各得其所、各行其道的种种物质，共处一体，和谐运转。

本章还附带论述了以下几个议题。

一、王公以天下之所恶，孤、寡、不谷自称，表示谦卑，以示贵以贱为本。这或许是虚伪造作或许是为了以损求益。

二、“损”和“益”的辩证关系。对事物在运动、变化和发展中，要从全局和长远的效益来看，不能只顾眼前，急功近利。目前之利，他日可能要付出惨重的代价。提示，只有“舍”才能“得”，“损”才能“益”，无私奉献才能获得巨大的成就。

三、“强梁者不得其死”。强梁，是指称霸者、发动战争者、以势压人者、横行霸道者、杀人越货者，这些人都没有好下场。换句话说，这些人是不得好死的。“人之所教，我亦教之”是说众人都是这样说的，也是这样教导我的。表明，这是人们公认的事实和真理，而不是诅咒。所以，我将这个事实和真理视为教旨，作为教父(吾将以为教父)。

第四十三章　至　柔

天下之至柔[1]，驰骋天下之至坚[2]。无有入无间。吾是以知无为之有益。不言之教，无为之益，天下希及之。

【注释】

① 至柔：指虚无，无有。

② 至坚：指坚实，无间隙。

【解读】

本章是以取类比象、喻道、喻理和喻事，将天道引入人道，将物质之理转作治国之道。

风可以穿山越谷，登堂入室；水可以上天入地，渗透树林。天下之至柔可以奔驰于天下之至坚；宇宙之虚无可以行走于无缝无隙之至固。

由此，可以知道无私、无欲、无争、无妄、无为之治的无限威力。

圣人爱民治国，行不言之教，以默默无闻的无私奉献，换来千百万人的安居乐业，这是天下至高之德，但是，很少人能做到的。

第四十四章　知　足

名与身孰亲？身与货孰多？得与亡孰病？甚爱必大费①，多藏必厚亡②。知足不辱，知止不殆，可以长久。

【注释】

① 大费：指付出巨大的代价。

② 厚亡：惨重的损失。

【解读】

本章是对人性中私、欲、争的揭示，对利欲熏心、物迷心窍、患得患失者的一个忠告。

名(虚荣)、货(财宝)、得与亡(得失与宠辱)与人的身家性命和人生的价值进行比较，孰重孰轻？为了追逐名利，斤斤计较于个人的得失，将身家性命作为换取名货的赌注，进行博弈，值得吗？爱虚荣、爱财宝、爱权力，贪得无厌，欲壑难填；不择手段，不顾一切地去攫取，以至于身败名裂、葬送性命。古往今来，这样的事例还少吗？为什么总是有许多人依然前仆后继，执迷不悟，重蹈覆辙，难道不值得人们反思吗？

最后老子提出忠告：知足不辱，知止不殆，可以长久。

第四十五章　大成若缺

大成若缺①，其用不弊。大盈若冲②，其用不穷。大直若屈③，大巧若拙④，大辩若讷⑤。静胜躁，寒胜热。清净为天下正。

【注释】

① 大成若缺：要在最完善事物中寻找缺陷。

② 大盈若冲：要看到圆满充盈必然要走向缺损竭尽。

③ 大直若屈：要在大直中寻找弯曲，借喻要在正确中寻找错误。

④ 大巧若拙：要在精巧中寻找笨拙之处。

⑤ 大辩若讷：大智之辩，从不轻言快语，犹如讷者。讷，语言迟缓，不善应答。

【解读】

本章是对爱民治国者、身负重任者、干大事者说的。

要始终牢记：责任是如此重大，一言一行，一举一动，一步一着都关系着千万人的苦乐、死活和身家性命，因此，不得不“大成若缺，大盈若冲”。要看到集大成和大成功的负面是什么，其中隐藏着多少缺陷和危机；要想到成功可能就是失败的开始。见到“满”和“盈”的时候，就要想到“空”和“尽”。要知道“直”中有“屈”，知“屈”才能伸“直”。要知道为什么“大巧若拙”，大巧者，严格掌握和遵循事物的规律，丝毫不敢违规，不敢投机取巧，其行若拙，否则，真的要弄巧成拙了。“大辩若讷”，真正的辩论家并不是诡辩者，口若悬河，而是“言有宗，事有君”(第七十章)，每句话都是有根有据、实事求是的，不敢信口而出，因此，其言必“讷”。

勿狂躁，要冷静，只有清醒无欲而宁静的心态，才能处理好天下大事。

第四十六章　有　道

天下有道，却走马以粪[1]。天下无道，戎马生于郊[2]。罪莫大于甚欲，祸莫大于不知足，咎莫大于欲得。故知足之足，恒足矣。

【注释】

① 却走马以粪：拉战马去耕田。却，退。粪，耕地。

② 戎马生于郊：拉临产的母马作战马，使小马驹生于战场。

【解读】

本章为反战篇。

有道的统治者，战马用于耕田；无道的统治者，怀孕的母马也被拖去参战。

罪恶的战争之祸，来源于统治者的甚欲、不知足和欲得。何谓“甚欲、不知足和欲得”？要称霸，当霸主；要扩张疆土，吞并他国；要抢占资源，要夺取财富；要掳掠他国之民为奴隶。这些权欲、名欲、利欲和种种私欲是无穷之欲，欲壑难填，而且称霸者势在必得，那就只有发动战争。所以说，统治者是战争的始作俑者。

欲的无限膨胀是最大的罪恶，贪得无厌、永无满足是最大的祸害，利令智昏、强行夺取是最大的过失。

足于无私，足于无欲，是最大追求之足，是足中之足，是置国家、事业和自身于永远不败之地的永恒之足。

第四十七章　知天下

不出户，知天下；不窥牖，见天道。其出弥远，其知弥少。是以圣人不行而知①，不见而明②，不为而成③。

【注释】

① 不行而知：指不能单靠走出去、出远门才能认识世界。

② 不见而明：指不能单靠亲眼所见才认识世界。

③ 不为而成：事物之成，不能单靠自己亲自动手才能完成。

【解读】

本章强调天下和天道就在人身边。换句话说，人就在天下和天道中。这样，就把人和自然、天、地统统纳入物质世界。

人们要想知天下，见天道，认识物质，完全可以先从认识自身开始，这是知天下、见天道、认识物质世界最近便的途径，不必舍近求远。

本章与第三十四章“大道泛兮，其可左右”和第五十四章“故以身观身，以家观家，以乡观乡，以邦观邦，以天下观天下。吾何以知天下然哉，以此”结合起来理解，就可以清楚看出老子哲学的唯物认识论。从自身观察他身，从自家观察他家，从自乡观察他乡，从自国观察他国，从自己所处的天下观察他处的天下。这样，就可以认识和掌握天下事物和天道的原理。

“不出户，知天下；不窥牖，见天道”，这句话和“运筹帷幄之中，决胜千里之外”相似。它表明格物致知，学道、修道、为道达到的水平和境界。参阅第五十二章“天下有始，以为天下之母。既得其母，以知其子。既知其子，复守其母”可以看出，掌握了事物发展的规律，也就是掌控了事物的共性，这是“母”；又掌握了各个事物的个性，也就是掌握了每个事物的特性，这是“子”。既知“子”，又掌握其“母”，上升到这样的水平，可以说是进入出神入化的境地，再加上获取足够的实事和事实的信息，就可以料事如神了。

所以，圣人并不是每件事都要自身经历才知道，亲自看见才明白，亲自动手才成功的。

第四十八章　为道日损

为学日益，为道日损[①]。损之又损，以至于无为。无为而无不为。取天下常以无事。及其有事，不足以取天下。

【注释】

① 为道日损：指以道的无私、无欲、无争、无妄为榜样，减损和制约自身的私、欲、争、妄。

【解读】

本章是老子哲学将自然属性引入人文领域作为执政者修身之道，以期达到无为而无不为的境界。

学习只是增长知识。学道、修道、为道则可以制约私、欲、争和妄为。看清事物，洞悉道的属性，生而不有，为而不恃，功而不居，长而不宰，以此修炼自己，使人性中的私、欲、争逐步减损，减少甚欲，减少不知足，减少欲得，最后才能达到无私、无欲、无争，不敢妄为，不敢胡作非为的无为状态。这样，就可以养成按事物发展规律、按道的属性，生之，畜之，长之，育之，成之，熟之，养之，覆之，衣养万物而不为主的原则，为天下苍生去做一切事情(无所不为)。

治理天下，就要做到使天下平安无事。如何使天下平安无事，为道的圣人就得始终无私、无欲、无争、无妄地为天下黎民百姓处处操心，事事操劳。如果有私、有欲、有争、有妄，那就治不好天下了。

第四十九章　百姓心

圣人常无心[①]，以百姓心为心。善者，吾善之；不善者，吾亦善之；得善。信者，吾信之；不信者，吾亦信之；得信。圣人在天下，歙歙[②]焉，为天下浑其心[③]，百姓皆注其耳目，圣人皆孩之。

【注释】

① 常无心：永远不得有私心。常，永远。无，无私。

② 歙（xī）歙：严于律己，小心谨慎。歙，收敛。

③ 浑其心：操碎了心。浑，搅混，指搅混其心，用尽脑筋。

【解读】

本章是两千五百年前，老子作为一位唯物主义者，站在人民立场，大胆表达的政治主张。

“圣人常无心，以百姓心为心”，这是一句石破天惊的话，但说得却如此委婉曲折。两千五百多年来，历朝历代的学者、士大夫大都轻描淡写，一笔带过。而这话的实质是：天下者人民之天下也，社会和国家是人民的，人民是社会和国家的主人。这里的“圣人”是指认识了以上道理的执政者。所以，执政者永远不得有私心，要站在百姓的立场，心里装着百姓，全心全意为百姓服务。一心为人民，不是“圣人”对百姓的恩赐，也不是“圣人”的大恩大德，“圣人”不把自己看成是百姓的救世主，是“圣人”就应该这样做。社会和国家本来就是百姓的，百姓是主人。“上德不德，是以有德”，“圣人”所作所为是“圣人”本质的体现，“圣人”不以此为德，所以，才有真正的德。

“圣人”对待百姓，善的，好的，诚信的，保护他们；不善的，不好的，不诚信的，教育他们，感化他们。最后达到从“善”如流，趋“信”若骛，“善”和“信”成为社会风气。

“圣人”爱民治国是兢兢业业，如临深渊，如履薄冰，谨言慎行，“唯迤是畏”；为百姓办事是竭忠尽智，操碎了心。“圣人”在万民视听中，众目睽睽下，总是像孩儿一样，以赤子之心对待百姓。

第五十章　出生入死

出生入死。生之徒，十有三；死之徒，十有三；人之生，动之于死地，亦十有三。夫何故？以其上[1]生之厚[2]。盖闻善摄生者，路行不遇兕[3]虎，入军不被甲兵。兕无所投其角，虎无所用其爪，兵无所容其刃。夫何故？以其无死地。

【注释】

① 其上：指统治者。

② 生之厚：指统治者对自己的生命，生存、生活，权欲、利欲、名欲是如此厚重，压倒一切。

③ 兕(sì)：独角犀牛。

【解读】

本章以统计数字表达人口死亡状况，其实是揭示两千五百多年中，统治者为发动战争征集青壮年驱之于死亡之地的史实。

享天年正常死亡的，占人口的三分之一；伤病夭折的，占人口的三分之一；被统治者送上死亡之地的，也是三分之一。在叙述中，用词比较隐晦。

“夫何故？以其上生之厚”。“其上”就是统治者。什么叫作“生之厚”？就是统治者对自己的生存是如此厚重，压倒一切，可以不顾千千万万人的死活。统治者的“甚欲、不知足和欲得”的表现就是要称霸，要掠夺资源，要拓疆扩土，要发动战争。

后继之文，只是打掩护，说的是善于摄生的人，路行不遇兕虎，入军不遇甲兵，兽角伤不了他，虎爪抓不了他，兵器伤不了他。为什么？因为没有被赶到虎豹豺狼和枪林弹雨的死亡之地。

第五十一章　尊道贵德

道生之，德畜之，物形之，势成之。是以万物莫不尊道而贵德。道之尊，德之贵，夫莫之命而常自然。故道生之，德畜之。长之育之；成之熟之；养之覆之。生而不有，为而不恃，长而不宰，是谓玄德[①]。

【注释】

① 玄德：至高无上之德。玄，至高无上。

【解读】

本章叙述物质运动、变化和发展的属性，也就是道之德。将其引入人文领域，作为政治的最高准则。

宇宙万物源于“有物混成”的物质。物质在运动、变化和按规律发展中，生发万物，畜养万物，造型万物，覆载万物，这是宇宙产生、天地形成和万事万物先后出现的物质基础。

物质是宇宙的源头和根本，是万物的神圣母体，尊称之谓“道”。“道”的属性是“生而不有，为而不恃，功而不居，长而不宰”，这就是“道”之“德”，也是“德”之可贵之处。

“道”的尊严和“德”的可贵，不是任何外在因素可以加封和支使的，它是自然而然的，就是这样的，永远就是这样的。这就是最高之德，“是谓玄德”。

第五十二章 天下有始

天下有始，以为天下之母。既得其母，以知其子。既知其子，复守其母，没身不殆。塞其兑[①]，闭其门[②]，终身不勤[③]。开其兑，济其事，终身不救。见小曰明[④]，守柔曰强[⑤]。用其光[⑥]，复归其明[⑦]，无遗身殃，是为袭常[⑧]。

【注释】

① 兑：种种私欲的巢穴。兑，穴。

② 门：指眼、耳、鼻、舌、身、识，感官之门。

③ 不勤：指不为种种私欲所纠缠困扰，以免导致烦恼辛劳。勤，辛勤劳苦。

④ 见小曰明：能明察秋毫细末，称为明。

⑤ 守柔曰强：强而能守弱，制己而宽人，才算强者。

⑥ 用其光：指能用经过理性和良知净化过的智慧之光。

⑦ 复归其明：指回归到清醒理性和良知的智慧之光中。

⑧ 袭常：秉承道之属性。亦即生而不有、为而不恃、功而不居、长而不宰的无私、无欲、无争、无妄之秉性。常，永恒之道。

【解读】

本章将哲学与实践融为一体。

“有物混成”是天下之始。“物”和“有”是万物之母，天下万物是“物”和“有”之子。掌握了物质运动、变化和按规律发展的共性，就可以探索天下万物运动、变化和按规律发展的特性。这就是“既得其母，以知其子”。

掌握天下万物运动、变化和按规律发展的特性，又牢牢地把握物质运动、变化和按规律发展的共性，就可以深刻地认识事物是按照规律发展的，而不是按人的意愿发展。只有这样，才会认识到严格遵循事物发展规律，不妄为，是事物成败的关键所在，“既知其子，复守其母，没身不殆”。

无论是治国或是做事，一定要预防权欲、利欲、名欲等各种私欲干扰，否则，就会导致失败，“终身不救”。

无论是治国或是做事，一定要明察秋毫，防微杜渐，睁大眼睛，洞察一切。执政者身负亿万人民的身家性命，责任是何等之大。为人民建立坚不可破的家园，以和平面对战争，“守柔曰强”。不使人民受到任何的伤害(无遗身殃)。要牢记：事未事，治未乱，将其看成是恒常的规律(是为袭常)。

第五十三章　唯迤是畏

使我介然有知，行于大道，唯迤是畏[①]。大道甚夷，而人好径。朝甚除[②]，田甚芜，仓甚虚，服文采，带利剑，厌饮食，财货有余，是为盗竽[③]。非道也哉！

【注释】

① 唯迤是畏：唯恐有偏差。迤，弯曲斜行，偏差。

② 朝甚除：衙门建得无比奢华阔绰，雄伟壮观。朝，衙门，宫殿。除，修饰，装点。

③ 盗竽：强盗头子。盗，偷窃，抢劫。竽者，五声之长也(《韩非子·解老》)。

【解读】

本章是以唯物主义的立场和观点对奴隶社会的历史总结。

“大道”是平坦的，但是圣人行“大道”却是战战兢兢，如临深渊，如履薄冰，唯恐有偏差，只怕有闪失。可许多统治者，不但不行“大道”，恰恰相反，他们专走邪门歪道。“好径”，径者，旁门左道也。其结果如下：

朝廷宫阙、衙门官署建得豪华气派，雄伟壮观，而百姓的耕地却杂草丛生，贫瘠荒芜；国家的粮仓里空空荡荡，而达官显贵穿着锦衣，带着宝剑，吃尽山珍海味，家里的钱财和珍宝几辈子也花不完，这是强盗的逻辑。

第五十四章　善　建

善建[1]者不拔，善抱[2]者不脱，子孙以祭祀不辍[3]。修之于身，其德乃真；修之于家，其德乃余；修之于乡，其德乃长；修之于邦，其德乃丰；修之于天下，其德乃普。故以身观身，以家观家，以乡观乡，以邦观邦，以天下观天下。吾何以知天下然哉？以此。

【注释】

① 善建：指按物质运动、变化和发展的规律进行构筑和建造。

② 善抱：指坚持道的无私、无欲、无争、无妄的属性，厉行不懈。抱，坚持不放。

③ 祭祀不辍：指尊道贵德，坚持道与道之德的传承就像祭祀一样，薪火相传，永不断绝。

【解读】

本章从实践论证哲学，又从实践认识哲学。

以“道”建立邦国者，其邦国坚如磐石；坚持以“道”开创事业者，“道”将与其不离不弃；“道”

的效应，可以延及子孙后代，绵长不辍。

以“道”修身者，其人纯正，以“道”齐家者，其家福德有余；以“道”施予乡者，其乡德久长；以“道”治国者，其邦积德丰厚；以“道”莅天下者，天下归心，其德博大，善泽万民。

因此，要以自身观察他身，以自家观察他家，以自乡观察他乡，以自邦观察他邦，以自己所处的天下观察时空中的天下，我就会知道天下为什么是这个样子，原因就在于此。

本章是老子以唯物主义的立场和观点，从实事和事实中观察和认识物质世界，这是唯物论的认识论。

第五十五章　含德之厚

含“德”之厚，比于赤子。毒虫不螫[①]，猛兽不据[②]，攫鸟不搏[③]。骨弱筋柔而握固。未知牝牡之合而朘作[④]，精之至也。终日号而不嗄，和之至也。知和[⑤]曰“常”[⑥]，知常曰“明”，益生曰祥[⑦]，心使气曰强[⑧]。物壮则老，谓之不道，不道早已。

【注释】

① 螫(shì)：有毒昆虫以尾针刺人。

② 据：兽类以足爪抓人。

③ 搏：鹰隼以巨爪搏击抓取。

④ 朘(zuī)作：勃起。朘，男孩生殖器。

⑤ 和：指和谐。共处一体，各行其道，相辅相成，和衷共济。

⑥ 常：指永恒之道。

⑦ 益生曰祥：从天地好生可以说明益生曰祥。不论万物之生或是万民之生，有利于两者之生都是好事，是造福，是吉祥。

⑧ 心使气曰强：有两解：一是以理性和良知之

心管控意气，属于“自胜者强”的强者。二是以私和欲之心支使意气就是逞强，容易成为勇于敢则杀的强者。

【解读】

本章取类比象，既说真实的事，又说虚拟的事，更说深含哲理的事。老子哲学就是这样深深地蕴藏在这些说事之中。

含德深厚的人，就和婴儿一样，天真无邪，无所畏惧，根本没有毒虫、猛兽、攫鸟会伤人的想法。筋骨柔弱而握固显力，虽有性而无欲，终日呼号而不嘶哑。以此说明处于生长发育、生机勃勃、精力旺盛的和谐状态。

保持和谐就能发展壮大，就能长治久安，因此，掌握“和谐”就是掌握了事物发展的正常态势。爱民治国，需要含德深厚的人，他知道如何创建和掌握事物发展的正常态势。为百姓谋福祉，在无私、无欲、无争、无妄的心态下，就不会意气用事。

圣人爱民治国，仿效事物发展规律把社会和国家始终维持在蓄势待发的状态，保持“生—长—壮”三个时期中“长”的阶段。这个阶段，正像婴儿将要进入儿童、少年、青年时期。这时期是“精之至”

“和之至”时期，其极限是“壮”。执政者要始终警惕“壮”之后是“敝”。

因此，最后提出“物壮则老，谓之不道，不道早已”。

第五十六章　知者不言

知者不言[①]，言者不知。挫其锐，解其纷，和其光，同其尘，是谓“玄同”[②]。故不可得而亲，不可得而疏；不可得而利，不可得而害；不可得而贵，不可得而贱；故为天下贵。

【注释】

① 不言：不表现自己。言，指言表。

② 玄同：指同于道之同，是最大之同。在圣人，指“以百姓心为心”(第四十九章)与百姓打成一片之同。

【解读】

本章第一部分是揭示一个事实。即勤于思考又重于实践的人，是思多于言、行多于言的智者。夸夸其谈，废话连篇的人，不可能成为智者。智者是不好表现自己的人。

第二部分是对执政者说的。作为一个治理天下、爱民治国的圣人，要遏制声色的诱惑(塞其兑，闭其门)，去掉唯我独尊、刚愎自用的锐气(挫其锐)，解

除欲壑难填的内心纠结(解其纷)，将自己头上的光环和到黎民百姓的无光无暗中去(和其光)，把自己和黎民百姓一样视作尘土，和在一起(同其尘)，这便是圣人和天下苍生打成一片的“玄同”。

圣人之爱是大爱，不是小爱，更不是个人之爱。圣人亲万民而不疏万民，利万民而不害万民，贵万民而不贱万民，这才是天下最可贵之处。

第五十七章　以正治国

以正治国，以奇[1]用兵，以无事取天下。吾何以知其然哉？以此：天下多忌讳[2]，而民弥贫；人多利器[3]，国家滋昏；人多伎巧[4]，奇物[5]滋起；法令滋彰，盗贼多有。故圣人云："我无为，而民自化；我好静[6]，而民自正；我无事[7]，而民自富；我无欲，而民自朴。"

【注释】

① 奇：诡道。指战争中使用种种诡计、谋略。

② 忌讳：禁忌、避讳，这里指对人民的种种限制和禁令。

③ 利器：可指武器、国防力量、国家权力，或是个人谋利之物。

④ 伎巧：指伎俩、巧伪，又可作能工巧匠解。

⑤ 奇物：指离奇古怪包括哗众取宠、沽名钓誉的事和物。

⑥ 好静：指冷静、淡定对待种种物质的引诱。

⑦ 无事：指执政者不要滋事，不要为标新立异

而找事。包括做拔苗助长的“好心”之事，又指无私、无欲、无争、无妄地做事。

【解读】

本章将物质运动、变化和发展的无私、无欲、无争和无妄的属性引入人文领域，作为执政者的行为准则。

治理国家不同于用兵，不得采取阴谋诡计，要走无私、无欲、无争、无妄、无害于民的光明正道，走以“道”管理国家的正道。

执政者对民间限制多了，老百姓就会贫困；拿枪的人多了，国家就不会安宁；阴谋诡计的人多了，奇事怪事就会层出不穷；奇珍异宝多了，盗窃之事就会频频出现。

所以，圣人说：不扰民，不劳民，不误农时，不误农事，百姓就会富裕起来。执政者，不穷奢极欲，不胡作非为，不好大喜功，不争权夺利，而是勤勤恳恳地为民、利民、爱民，百姓就会受此不言之教而自化、自正和自朴。

第五十八章　其政闷闷

其政闷闷[①]，其民淳淳[②]；其政察察[③]，其民缺缺[④]。祸兮，福之所倚；福兮，祸之所伏。孰知其极：其无正[⑤]也。正复为奇[⑥]，善复为妖[⑦]。是以圣人方而不割，廉而不刿[⑧]，直而不肆，光而不耀。人之迷，其日固久！

【注释】

① 闷闷：无声无息、闲散无拘的样子。

② 淳淳：宽松自如、无拘无束的样子。

③ 察察：严酷苛求、吹毛求疵的状态。

④ 缺缺：惶惶不安、担心害怕的样子。

⑤ 无正：指没有明确的标准和界限。

⑥ 正复为奇：指正确的可以转化为错误的，高尚的可以转化为卑鄙的，伟大的可以转化为不齿的。

⑦ 善复为妖：善良的可以变为邪恶的，神灵可以变为妖魔。

⑧ 廉而不刿(guì)：指清正廉明而不苛刻伤民。刿，伤害，切割。

【解读】

本章是辩证唯物论和唯物辩证法用于审视事物的范例。

存在决定意识。政治氛围与社会意识和百姓的一举一动密切相关。宽松的政治，人心就舒畅，行为就自然(其政闷闷，其民淳淳)。严酷的政治，人心就紧张，行为就会拘谨，甚至惶惶不可终日(其政察察，其民缺缺)。

以“祸福相依，福祸相伏”，揭示事物发展的辩证规律，形象明了，通俗易懂，含义深奥，发人深思。它涵盖了大部分的辩证规律，将祸福同体、祸福相随、祸福转化，提高到“道”的水平，也就是哲学的水平来认识。

由于祸与福是按事物发展规律运动和变化的，具有无限延续性，并且祸和福因主体不同而产生根本不同的看法，没有固定的标准，所以提出“孰知其极，其无正也”。

以正奇、善妖的转化，揭示另一些辩证规律的例子。这里明确指出：正确的可以转化为错误的，善良的可以转化为邪恶的；同样，伟大的可以转化为渺小的，功高盖世的可以转化为罪恶滔天的。

“是以圣人方而不割，廉而不刿，直而不肆，光而不耀。”这句话是对执政者的赤诚忠告，或许是对两千五百多年执政史的极其惨痛的历史教训的总结。强调执政者必须深刻地认识事物发展的辩证规律，在制定方针、政策时，一定要想到它的负面效应。譬如要求方正，就要反自然、反生态地切割，这就像削足适履，荒唐可笑。可是，时至今日，世界上仍然有许多执政者就是这样做了，自己还不知道。历史上，多少自以为清廉、正直、光明正大的官员，却做了许多伤害清廉、正直和光明正大的事。所以，圣人执政，如临深渊，如履薄冰，“唯迤是畏”。

最后，附上一句“人之迷，其日固久”。是说，有些在位的执政者因迷于权力，独断专行，我行我素，这种作风旷日持久，积重难返，已成为痼疾。

第五十九章　莫若啬

治人事天[1]，莫若啬[2]。夫唯啬，是谓早备；早备谓之重积德；重积德[3]则无不克；无不克则莫知其极；莫知其极，可以有国；有国之母，可以长久；是谓根深固柢[4]，长生久视之道。

【注释】

① 事天：指祭祀。

② 啬：指极度节约，从俭到啬，毫厘必计。

③ 积德：双关语。指为民做事，从小事做起；为民节约，从毫厘必计开始，两者都是为民积累。

④ 根深固柢：同“根深蒂固”。指国家积德之厚，积财积物之富，国力必然根深蒂固。

【解读】

本章是唯物主义者在治国中高度重视经济基础和物质储备。

在一切领域中，厉行节约，将“三宝”中的“俭”提升到“吝啬”的高度。也就是说，在一切领域中，要节约人力、物力、财力、地力和农力，务必斤斤计较，精打细算，毫厘必争。

将“节约每个铜板”作为国策，作为国家的战略储备方针，称为早作准备。

早备就是为国家积攒财富，积攒实力，为了发展，以备不测，是谓重积德。国家有了充足的物力、财力，也就有了强大的经济基础。这样，什么事也就好办了，什么样的天灾人祸也都能挺过去。同时，国家可以持续发展(莫知其极)，国家真正成为人民安居乐业的家园。有了如此坚实的物质基础，国家才可以长治久安，这就是“根深固柢，长生久视之道”。

第六十章　治大国

治大国，若烹小鲜[①]。以道莅天下，其鬼不神[②]。非其鬼不神，其神不伤人[③]。非其神不伤人，圣人亦不伤人。夫两不相伤，故德交归焉。

【注释】

① 小鲜：指小鱼、小虾。

② 鬼不神：指圣人以道治理国家，鬼神退位，神鬼不灵。

③ 不伤人：指圣人不装神弄鬼，不自称天帝之子、太阳之后，神圣无比，借以吓人。

【解读】

本章是治国的唯物观。治理国家就是为人民办事，不信邪，不神化。

“治大国，若烹小鲜”，可以初步理解为：

要从“大”处着想，“小”处做起。要从实事和事实出发，是小鲜小鱼就不必去鳞，也不必开膛破肚。治理国家要根据国情、民情，不能生搬硬套，强施现成模式。

烹调的工艺流程要根据原料来确定，是小鲜不是蔬菜，就不能爆炒。

按科学规律办事，不得随心所欲，横加干扰，重视每个工艺流程，小鱼在成熟固化前，不可以反复搅动，否则就成为一堆鱼糜了。

以上是一般解释。

“治大国，若烹小鲜”的真正意思是对统治者神化自己提出异议。反对什么“奉天承运，皇帝诏曰”，这是统治者装神弄鬼的把戏。治理国家就是为人民办事，不是什么神秘的事，它和“若烹小鲜”一样，要做实实在在的事。下文证实这个解释。

“以道莅天下，其鬼不神。非其鬼不神，其神不伤人。非其神不伤人，圣人亦不伤人。”是说圣人以“道”治国，为人民办实事，不凸现自己，不神化自己，这样的圣人是不伤人的。圣人不伤人，鬼神就没有了。如果圣人装神弄鬼，说自己是天帝之子，天神转世，那么，圣人就要伤人了。圣人伤人了，妖魔鬼怪也就全部出现了。

这里明确表示，执政者不是天之子，也不是天神转世，更不是上天派到人间统治万民的国君，而是为国家和人民办事的人，就像掌厨的厨师一样，只不过由于他的高尚品德而称之为圣人。

第六十一章　天下之牝

大国者下流[①]，天下之牝[②]，天下之交也。牝常以静胜牡，以静为下。故大国以下小国，则取小国；小国以下大国，则取大国。故或下以取，或下而取。大国不过欲兼畜人[③]，小国不过欲入事人。夫两者各得所欲，大者宜为下。

【注释】

① 下流：指大国处下以纳流。只有处下、处谷才能纳滴水，下百川，成大海，万国归心。

② 牝(pìn)：牝，母体。以柔、弱、虚、空处下，处静，才能成为万国归心和向往的神圣母体。

③ 畜人：聚人气，以德畜人，达到天下归心。

【解读】

本章是老子哲学对国际关系的政论主张，强调大国处下，尊重小国，互取共存，和平相处。

“大国者下流，天下之牝，天下之交也。”这是至理名言，至今两千五百多年了，依然闪闪发光，若能实行，真是为万世开天平。

大国如能处下，处谷，势将纳百川，汇江河，成大海，其他国家将乐与其交。大国将成为各国相聚的中心。

大小国之间如何和平相处，如何避免战争，责任主要在大国。如果大国能以道治国，谦卑处下，尊重小国，扶持小国，不欺侮小国，小国就会尊重大国。同样，小国谦卑处下，尊重大国，依附大国，大国就成为天下归心、各国敬仰的文明大国。大小国各得其所，各行其治，相互支持，和睦相处，世界的持久和平就有保证了。

第六十二章　万物之奥

道者万物之奥[1]。善人之宝，不善人之所保。美言可以市尊[2]，美行可以加人[3]。人之不善，何弃之有？故立天子，置三公，虽有拱璧以先驷马，不如坐进此道。古之所以贵此道者何？不曰：求以得，有罪以免耶？故为天下贵。

【注释】

① 奥：可供船舶停泊的港湾。奥，同“澳”，港澳。

② 市尊：哗众取宠，获取市场吹捧的语言。

③ 加人：换取好感，博取人们喜欢的行为。

【解读】

本章是老子哲学以“道”概括物质本体及其属性，并将其引入人文领域，展示“道”的作用和效应。

“奥”既表示深秘不可窥见又表示犹如港湾。以奥喻道，万物生于斯，存于斯，复归于斯。善人、不善人都是“道”衍生。善人以“道”为师，不善人以善人为师。“道”包容万物，不论善人、不善人。即使不善人花言巧语(美言)和装腔作势(美行)，他们有他们的市场，若无伤大雅，也没有理由抛弃他们。

“立天子，置三公”的典礼非常隆重，赠送最珍贵的玉璧，奉献最豪华的驷马之车，我看都不如送上可以包容天下万物万民的“道”。得此“道”者，可以与万民同乐，国家可以长治久安。

古人也重视“道”，不过他们把“道”看成是“求以得，有罪以免”的神灵而已。

第六十三章　为无为

为无为，事无事，味无味。大小多少，报怨以德[①]。图难于其易；为大于其细。天下难事，必作于易；天下大事，必作于细。是以圣人终不为大，故能成其大。夫轻诺必寡信，多易必多难。是以圣人犹难之，故终无难矣。

【注释】

① 德：道之德。就是遵循物质运动、变化和发展规律而呈现出正确的物质表现形式。

【解读】

本章是老子哲学融入人文领域化作为政、施政的理念、准则和措施。

“为无为”，为政之道在于为无为之为。这是说，执政者要无私、无欲、无争、无妄地为黎民百姓办事。

“事无事”，这句话有几层意思。其一，执政者不要滋事扰民。其二，未雨绸缪，在事故、伤害、意外未发生之前，要做好预防和准备，确保国家和人民的安全。其三，做无私、无欲、无争、无妄之事。

“味无味”，这句话也有两层意思。其一，只有从“无味”才能调出人们所要之味。其二，只有不先加味，才能尝出原来真实之味，不是先定好调子之味。

“大小多少”，从辩证规律看“大小多少”。小为大之本，要重视小，干大事要从小事做起，疏忽小事，可酿成大祸，小不忍则乱大谋；大要爱护小，扶植小，大小和谐统一，可以久长。多源于少，积少成多，集腋成裘；多要补少，有余要补不足；少可以成多，多却可以成烦惑！

“报怨以德”，对待人事和邦国之间的恩怨，不是记仇，也不是复仇，而是要用理性去解决，按事物发展规律，分清是非，明确责任，以此为鉴，面向未来，杜绝冤冤相报，两败俱伤。

圣人爱民治国，脚踏实地，从小事做起，才能把事做大。重视困难，却从易处着手。仅凭良好的动机、急功近利的想法、轻率的承诺，实际上是做不到，也达不到预期的目的。这样就会失信于民。

所以，圣人治国，直面困难，重视困难，以百倍的努力，千方百计地去对付困难，最后“终无难矣”。

第六十四章　其安易持

其安易持[①]；其未兆易谋[②]；其脆易泮[③]，其微易散。为之于未有，治之于未乱。合抱之木，生于毫末；九层之台，起于累土；千里之行，始于足下。为者败之，执者失之。是以圣人无为，故无败；无执，故无失。民之从事，常于几成而败之。慎终如始，则无败事。是以圣人欲不欲[④]，不贵难得之货；学不学[⑤]，复众人之所过，以辅万物自然而不敢为[⑥]。

【注释】

① 持：维护，指安定的时候局面容易维护。

② 谋：防患于未然。不要等出现兆头才着手。

③ 其脆易泮：指初生脆弱容易散解。泮，分解，消散。

④ 欲不欲：以无欲为欲。

⑤ 学不学：指不学争权夺利、沽名钓誉、巧伪奸诈、阴谋诡计之学。

⑥ 不敢为：不敢妄为。

【解读】

本章概述哲学之用。具体说，掌握老子哲学就是掌握事物的运动、发展及其规律。使我们具有远见性，知道做事从何着手，如何继续运作，预防内外干扰，慎终如始，置事业于不败之地，终身不辱。

居安思危，未雨绸缪，早做准备，事半功倍。这里强调“为之于未有，治之于未乱”，圣人治国，犹如良医之治未病。以上这些话绝不是老生常谈。作者认为说千遍万遍都不为过。

参天大树，源自毫末细芽，千里之行就在自己脚下，做事得从小做起，按部就班，循序渐进。九层之台，是一块一块石头、一堆一堆土垒起来的。所以，老子一再指出，“圣人为小不为大，终成其大。”

老子再次提出警告：治理天下，随心所欲，必败；据为己有，必失。只有无私、无欲、无争、无妄而为者，可以不败；不占为己有者，可以不失。

圣人做事，认真不苟，始终如一，慎终如始，所以没有败事。

圣人之欲，是清心无欲，所以不稀罕奇珍异宝；圣人之所学，不是巧伪奸诈之学，所以不会重蹈平常人之覆辙；圣人总是遵循自然规律，丝毫不敢妄为。

第六十五章　非以明民

古之善为道者，非以明民[1]，将以愚之[2]。民之难治，以其智多。故以智[3]治国，国之贼；不以智治国，国之福。知此两者亦稽式。常知稽式[4]，是谓“玄德”。“玄德”深矣，远矣，与物反矣[5]，然后乃至大顺[6]。

【注释】

① 非以明民：指执政者不是在人民面前表现聪明才智。明民，显示聪明于人民。

② 愚之：指执政者要以纯朴无邪、大智若愚、善良忠厚对待人民。

③ 智：指巧伪奸诈、阴谋诡计的智慧。

④ 稽式：规律，法则。

⑤ 与物反矣：回归到事物规律和法则中来。物，指事物规律和法则。反，同“返”，回归。

⑥ 大顺：指天下大治，国泰民安。顺，顺应天道。

【解读】

本章以唯物主义者的立场和观点，认定打上统治阶级烙印的“智”和“明”，是给人民和国家带来灾难和动乱的缘由。

“民之难治”是由于统治者的巧伪、欺骗和奸诈的“智慧”造成的。拿阴谋诡计的“智慧”去治国，去对待老百姓，就会祸国殃民。这不仅仅是道理和理论，历史早已证明了这一点。“以智治国，国之贼”，反之“国之福”。老子把这两个结论提高到极高的理论和道德水平来认识，认为这是最高之德，其意义“深矣”“远矣”。

本章点题起句是“为道者，非以明民，将以愚之”。这句话两千五百多年来引起许多误解。其真实意思是：圣人之治，行无言之教，执政者不应以聪明才智显示于民，而应以纯朴、真诚对待人民。这便是对“明民”和“愚之”的正确解释。

第六十六章　百谷王

江海所以能为百谷王者，以其善下之，故能为百谷王。是以圣人欲上民，必以言[1]下之；欲先民必以身后之。是以圣人处上而民不重，处前而民不害。是以天下乐推[2]而不厌[3]。以其不争，故天下莫能与之争。

【注释】

① 言：言表，指行为，不作语言解。

② 乐推：从心中表示拥戴。乐，喜爱。

③ 不厌：乐而不厌，表示爱戴。

【解读】

本章阐述处下、处谷之哲理。

大海所以成其大者，是以其纳滴水而下百川也。只有处“下”、为“谷”，才能成为“百谷之王”。这是规律，任何力量都无法阻挡。

圣人爱民治国，先天下之忧，后天下之乐。居上位而示下于人民，不论居何位置，总想着不扰民、不伤民，所以万民爱戴，“乐推而不厌”。这就是居下、居后、不争之德，“以其不争，天下莫能与之争”。

本章强调，执政者要处于黎民百姓之下，无私无欲，为而不争。

第六十七章　道　大

天下皆谓我道大，似不肖[①]。夫唯大，故似不肖。若肖，久矣[②]其细[③]也夫！我有三宝，持而保之：一曰慈，二曰俭，三曰不敢为天下先。慈故能勇[④]；俭故能广；不敢为天下先，故能成器长[⑤]。今舍慈且勇，舍俭且广，舍后且先，死矣。夫慈以战则胜，以守则固。天将救之[⑥]，以慈卫之[⑦]。

【注释】

① 肖：相像，尤指骨肉相像，后人似其先人。

② 久矣：早就，早已。

③ 细：繁杂琐碎。

④ 勇：指勇于不敢。

⑤ 器长：可以担当重任的管理者、执政者。器，成器，成事。长，管理者，首长，头人。

⑥ 天将救之：按规律办事，规律将会成全之。天，天道，事物发展规律。救，救助。

⑦ 以慈卫之：以“慈”爱人民，人民必将以爱戴相报。万民爱戴是执政者最大的护卫者。

【解读】

本章是老子表述自己之“道”,不是传统之“道”,而是与天下苍生、黎民百姓的身家性命、生死存亡攸关的大道。

老子所说的“道”是博大的，不同于传统的，不像先人所说的“道”。正因为它不是跟着前人之说，述而不作之“道”，所以能成其大。如果遵循前人，墨守成规地继承前人，那么，我的“道”早就成为繁文缛节，进而支离破碎了。

我的“道”有“三宝”：“一曰慈”，慈，就是爱人民，爱人类；“二曰俭”，俭，就是节约勤俭，为人民、为国家节省每个铜板；“三曰不敢为天下先”，不敢为先，就是不争强，不争霸，不争人先，要先人后己，要后天下之乐而乐。

爱人民、爱人类就有勇气制服自己，不去做伤害人民的事。勤俭节约，可以为人民、为国家广积财富。不争强，不争霸，就不会发动战争，可以使天下长治久安。反此“三宝”者，必败，必死。

以爱人民、爱人类的慈心对待天下，可以无敌于天下，战必胜，守必固。得道者必多助，天人助之，道以慈卫之，这就是事物发展的规律。

第六十八章　不　武

古之善为士者，不武。善战者，不怒；善胜敌者，不与[1]；善用人者，为之下。是谓不争之德，是谓用人之力，是谓配天古之极[2]。

【注释】

① 不与：避免直接交锋。

② 配天古之极：指符合于道的无私、无欲、不争之德；珍惜生命，尊重人权，反对战争，这样，才能用人之力。这可算是古往今来道的应用达到极点。天，天道。古，自古以来。

【解读】

本章以人本主义、人类理性和良知对待战争。以处下、不争待人和用人。

强调，不战而屈人之兵者，善之善也，所以说“善为士者，不武”。动用武力是万不得已的事。真正的军事家不是跃跃欲试的好战者，更不是感情用事、容易被激怒的凡夫俗子，他们即使有百战百胜的把握，也不愿主动发起攻击。

能够发挥人的积极性，善于用人之人，是尊重每个人的尊严，不仅仅是平等待人，更能处处居人之下。能为人下者，就能激起每个人从内心感受到自身的尊严得到尊重，从而发出愿肝脑涂地以报知遇之恩的精神力量。这就是“配天古之极”。

第六十九章　为　客

用兵有言："吾不敢为主，而为客；不敢进寸，而退尺。"是谓行无行[①]；攘无臂[②]；扔无敌[③]；执无兵[④]。祸莫大于轻敌，轻敌几丧吾宝。故抗兵相若[⑤]，哀者[⑥]胜矣。

【注释】

① 行无行：不布阵。

② 攘无臂：不用奋臂。

③ 扔无敌：没有交手的敌人。

④ 执无兵：不用拿兵器。

⑤ 抗兵相若：两军对阵，力量相当。

⑥ 哀者：受害而奋起反抗的悲愤者。

【解读】

本章主旨是以战争反对战争，以备战来反战。告诫爱民治国的执政者，绝对不可以轻敌，无"敌"的思想是绝对不可以有的。

"祸莫大于轻敌"，爱民治国，保护好人民，体现老子的"三宝"精神，"慈"为第一宝。"慈"

就是爱人民，保护好人民，免受伤害。

爱民、保民就得有“敌”情观念，早早做好战争准备，并且必须是不可战胜的战争准备、万无一失的防御战。只有这样，才能做到：

一、以和平面对战争。

二、不主动出击，“不敢为主，而为客”。

三、敌人进攻，宁退尺，不进寸。

在道义上做到仁至义尽，在情感上对敌我双方的士兵都是个震撼。

最后进入“是可忍，孰不可忍”的地步；达到孙子兵法五事中“道”的要求。这样的战备，即使不布阵，不奋臂，不拿兵器，敌方也得有所畏惧，甚至心惊胆战，不寒而栗，何况有备而待，以逸待劳，以哀兵而战，其胜必矣。

以上所述，表示国之利器已强大到足以不战而屈人之兵的态势。

第七十章 易 知

吾言甚易知，甚易行。天下莫能知，莫能行。言有宗①，事有君②。夫唯无知，是以不我知。知我者希，则我者贵。是以圣人被褐③而怀玉④。

【注释】

① 宗：宗旨，主旨。指言中的“信”。

② 君：主宰，主心骨。指实事中的“是”。

③ 被褐：粗布外衣。指纯朴无华。

④ 怀玉：深藏瑰宝。指金玉良言。

【解读】

本章隐示着“道”的阶级性。站在人民立场和唯物观的为政理念，对于统治者来说，他们是无法理解和接受的。

本章是对帝王将相说的。说的是以道治国，无为而治。话是明白易懂，实行也是容易的，可是他们并不领会，也不实行。

我所说的话是有根据的，我所说的事都是实事，可是，“甚欲、不知足和欲得”迷住了统治者的心窍，他们变得如此冥顽不化，并不理会我的话。

知我的人很少，按我的话去做的人更是难得。无怪乎圣人，深藏金玉良言总是纯朴无华。

第七十一章　知不知

知不知[1]，尚矣；不知知[2]，病也。圣人不病，以其病病。夫唯病病，是以不病。

【注释】

① 不知：不知道。这个“不知”具有独特的含义，涵盖一无所知的“不知”到许许多多的知中的“不知”。

② 知：知道。这里指“知”中还有“不知”的知道。

【解读】

本章是老子哲学认识论的重要篇章。

一、强调知识不是天生的，而是从不知道开始。只有认识知识是从不知道开始，才能认识自己原来是无知的，这样，才能真正做到虚怀若谷地去求知。

二、从不知道到知道，要经过“万物并作，吾以观其复”（第十六章）的过程。这是说，要从万事万物中，要从实践过程中，要从反复观察和验证中，才能得到真实的知识。

三、只有知道“知”中有“不知”，才能取得更多的知识。

四、人的“知”是相对的，“不知”的无限性是绝对的。从“不知”到“知”是人类的永恒追求。

吃透上述老子哲学的认识论和知识观，是深入了解客观世界的最佳途径(尚矣)。

“不知知，病矣”，不知道“知”之源是实践，是从不知道到知道，而认为“知”是天生的，是自己的聪明才智，这就是大错特错了(病矣)。

圣人知道“知”是从实践中得来的，是从不知道到知道，因而，老老实实地在实践中求“知”，在不知道中寻找知道，“是以圣人不病，以其病病，是以不病”。

“不知”是本章的核心主题。“不知”是“知”的开始，又是“知”的结尾。从“不知”到“知”，又从“知”到新的“不知”，如此循环不已。人类就是面向“不知”，在不断走向“知”和新的“不知”中前进。

第七十二章　民不畏威

民不畏威，则大威至。无狭其所居①，无厌其所生②。夫唯不厌，是以不厌。是以圣人自知不自见③；自爱不自贵④。故去彼取此。

【注释】

① 狭其所居：挤压缩小百姓的居住之所。指迫使百姓无立锥之地。

② 厌其所生：不顾百姓生计和死活。厌，厌恶，抛弃。

③ 自见(xiàn)：见，表现、显示和凸出自己。又解见(jiàn)，自以为是，独断独行。

④ 自贵：自命不凡，自认为高贵。

【解读】

本章是两千五百多年中王朝相继覆灭的总结。

人民被逼到无以栖身、无以生计的时候，摧毁王朝的暴风骤雨就要来临。夏桀之亡，商纣之灭，周厉王之逃，周幽王之杀，足以为证。这就是“民不畏威，则大威至”。

所以，圣人爱民治国，首先关注民生，“甘其食，美其服，安其居，乐其俗”，不做令人厌恶的事情伤害百姓，百姓也就不会厌恶执政者，这就是“夫唯不厌，是以不厌”。

圣人知道自己职责之重，丝毫不敢自以为是，而是谨言慎行，严格要求自己，珍惜自己的赤诚、洁净和纯朴，不敢置自身于人民之上，这就是“自爱不自贵”之谓。

第七十三章　勇于敢

勇于敢则杀[1]，勇于不敢则活[2]。此两者，或利或害。天之所恶，孰知其故？天之道，不争而善胜，不言而善应，不召而自来，繟然而善谋。天网恢恢[3]，疏而不失。

【注释】

① 勇于敢则杀：在私和欲的驱动下，走向争和妄的大胆妄为的“勇于敢”，这是一条死路。

② 勇于不敢则活：勇于反抗私和欲，制止争和妄而不敢大胆妄为的“勇于不敢”，这是一条活路。

③ 天网恢恢：天道像无限太空浩渺无垠，无处不在。

【解读】

本章与第四十章“弱者道之用”、第四十二章“强梁者不得其死，吾将以为教父”、第七十六章“兵强则灭，木强则折”一起研究，可以较全面地理解和掌握老子哲学在爱民治国实践中的

策略思维。

本章是对统治者和手握生杀大权者而言。将“勇于敢”和“勇于不敢”提高到“生”和“杀”的分界线上。这里的“生”和“杀”是广义的，不仅仅是一个人的死和活，而是千百万人的死活；也不仅是人的躯体的死和活，而是人性和良知的死与活。

秦昭王十三年任白起为将军，“勇于敢”发动战争。三十三年中，被斩首、沉河、坑杀的总人数达八十九万人(按司马迁《史记》统计)，最后一次，秦昭王四十七年，白起诱诈四十万赵国降卒，尽坑杀之。秦昭王五十年，昭王“勇于敢”，“使使者赐之剑，自裁”，白起遂自杀。这样执行战争者也死于“勇于敢”中。

前段所述说明，“勇于敢”导致千百万人的死亡，其中包括“勇于敢”者自身。

接着老子提出：“天之道，不争而善胜，不言而善应，不召而自来，繟然而善谋。”

这里明确指出，敢于违反“天之道”者必自取灭亡。这是对“勇于敢”的否定。对于不敢违反“天之道”者，则是“不争而善胜”，这是说不争是取胜的最佳选择。“不争”是指不争霸，不侵略，不争地盘，不夺资源，不抢财富。只有遵照“天之道”，行无为之治，施无言之教，才能“不言而善应，不召而自来，繟然而善谋”。这一段话是对“勇于不敢”的演绎。其意是：“执大象，天下往，往而不害，安平泰”(第三十五章)。这是说，行大道，天下人就会乐于响应(善应)，不召而自来，顺顺当当地达到天下归心。这就是“不争”“勇于不敢”所体现的最好谋划(善谋)。

最后的结语是:天道就像一张广阔无边的巨网，笼罩着浩渺无垠的太空，尽管人们看不见它，摸不着它，但是，不论天上、人间的一切动静、变化和造作统统脱不了，也逃不出它的管控。这就是“天网恢恢，疏而不失！”。

第七十四章　民不畏死

民不畏死①，奈何以死惧之？若使民常畏死，而为奇者②，吾得执而杀之，孰敢？常有司杀者③杀。夫代司杀者杀，是谓代大匠④斫⑤。夫代大匠斫者，希有不伤其手矣。

【注释】

① 畏死：指热爱生活，不轻言死亡。

② 为奇者：指作奸犯科、违法乱纪的不法分子。

③ 司杀者：指执法和行刑机关。

④ 大匠：指林业中砍伐木头的高手。这里指刽子手。

⑤ 斫(zhuó)：砍杀。指砍杀黎民百姓的头颅。

【解读】

本章是老子哲学法治思想的表述。

统治者无视法律，越过司法和执法机关，亲掌生杀之权，直接屠杀人民。“代司杀者杀，是谓代大匠斫。”这是说统治者替代刽子手，像伐木高手砍伐木头一样砍杀百姓的头颅。这样，统治者就成了屠杀人民的刽子手(大匠)。连封建皇帝唐玄宗在(《御注道德真经》)中也认为“人君好自执杀，必不得天理”。

“民不畏死，奈何以死惧之？”这是说人民被统治者逼到无法生存、生不如死的境地，还怕什么死？“死刑”对他们来说已经没有威慑作用了。

最后的结论是：只有让人民享有人权，安居乐业，才能使人民热爱生活，珍惜生命。到了这个时候，广大人民就会自觉地讲法和遵法了。

第七十五章 民之饥

民之饥，以其上[1]食税之多，是以饥。民之难治，以其上之有为[2]，是以难治。民之轻死，以其上求生之厚[3]，是以轻死。夫唯无以生为者，是贤于贵生[4]。

【注释】

① 其上：指统治者。

② 有为：指有私、有欲、有争、有妄的胡作非为。

③ 生之厚：指穷奢极欲的生活。

④ 贤于贵生：指穷困的黎民百姓要比养尊处优、穷奢极欲的统治者来得高尚。

【解读】

本章是以唯物主义的立场和观点对奴隶主统治下社会状况的分析和总结。

人民之所以饥寒交迫，挣扎于死亡线上，是由于统治者的苛捐杂税和重赋暴敛造成的。

社会不安定，是由于统治者胡作非为、穷奢极欲造成的。苛政猛于虎，逼得人民走投无路，铤而走险，怎能说是“民之难治”？

老百姓轻生，不怕死，是由于统治者把老百姓逼到绝路、生不如死的境地造成的。

由此看来，无以生计的黎民百姓远比榨取民脂民膏而锦衣玉食者来得高尚(夫唯无以生为者，是贤于贵生)！

第七十六章　柔　弱

人之生也柔弱，其死也坚强。草木之生也柔脆，其死也枯槁。故坚强者死之徒，柔弱者生之徒。是以兵强则灭[1]，木强则折。强大处下，柔弱处上。

【注释】

① 兵强则灭：指借强大军队而发动侵略战争者，必遭毁灭。

【解读】

本章以取类比象喻事，喻理，喻道。

“人之生也柔弱，其死也坚强。草木之生也柔脆，其死也枯槁。”

这两句话影射着强梁者的刚强，就像人死后的僵尸和草木凋亡后枯槁一样，其貌强硬，实则腐朽，是纸老虎，不堪一击。所以说“坚强者死之徒”。

“柔弱者生之徒”，这句话是老子哲学“弱者，道之用”的具体化表述。

最后，联系到“兵强则灭，木强则折”，以此警告统治者，强权，强势，强力欺压和残害黎民百姓者，难逃灭顶之灾。强梁者，不得其死。

第七十七章 天之道

天之道[①]，其犹张弓欤[②]？高者抑之，下者举之，有余者损之，不足者补之。天之道，损有余而补不足。人之道，则不然，损不足以奉有余。孰能有余以奉天下？唯有道者。是以圣人为而不恃，功成而不处，其不欲见贤[③]。

【注释】

① 天之道：指物质运动、变化和发展的规律。

② 犹张弓欤：就像拉弓射箭，要上下调整对准靶的。这里，比喻天道的自我调节。

③ 见(xiàn)贤：指标榜、凸显才德。见，表现，显示。

【解读】

本章描述物质运动、变化的自身调节和平衡规律。以此规律引入人文领域，批判人道违反天道。最后提出，人道应该效法天道。

取类比象，以张弓射的，提低、压高、校准箭靶，比喻天道的自我调节。借此说明天道公允，不

偏不倚，以有余补不足，达到平衡，而后发展。

进而，以天道批判大道废后的人道，以不足奉有余，导致穷人愈穷，富人愈富。

最后提出圣人之治是以有余补不足，以富补贫，制富扶贫。用现代观点来说，调控经济，制止分配不公，预防两极分化，从而达到社会和谐。

结语：圣人是人民的服务员，“为而不恃，功成而不处”。圣人所做的一切不是为了表现自己和标榜自己(其不欲见贤)。

第七十八章 弱胜强

天下莫柔弱于水，而攻坚强者莫之能胜，以其无而易之①。弱之胜强，柔之胜刚，天下莫不知，莫能行。是以圣人云："受国之垢②，是谓社稷主；受国不祥③，是为天下王。"正言若反④。

【注释】

① 以其无而易之：指以其"无"才能轻而易举地做到攻坚克强。无，无形，柔弱。

② 垢：屈辱，委曲。

③ 不详：指灾难，祸害，凶险。

④ 正言若反：指正话反说，这是一句暗语。

【解读】

本章取类比象，以"水"喻"道"。"弱"可以胜"强"，"柔"可以克"刚"，"无"可以入"有"而攻"坚"。

水虽柔弱之极，却无坚不克，其原因是"以其'无'而易之"。这是说，"无"可以入"有"，可以无孔不入，无所不在，进而以"无"破"有"，

攻其坚，散其强，克其刚。弱胜强、柔胜刚的道理就是这么简单，可“天下莫不知，莫能行”。帝王将相怎么会不知道这个道理呢？实际上，他们即使懂了也不会去实行。

水是无私，无欲，无我，无形而又无怨，无悔地处下，处污，处秽，顺万物之性而无自性。水就是这样滋养万物，毫不为己，专利万物，历尽千辛万苦，在所不辞，几经卑微，默不作声。水的这些德性，就和道一样(故几于道)。

因此圣人说：“只有能为国为民吃苦受累而又无怨无悔的人才配得上当一国之主；只有为国为民担当苦难，承受屈辱而鞠躬尽瘁的人，才配得上当人民的领袖！”

第七十九章　和大怨

和大怨[①]，必有余怨[②]；安可以为善？是以圣人执左契[③]，而不责于人。故有德司契，无德司彻[④]。天道无亲，常与善人[⑤]。

【注释】

① 大怨：指统治者与被统治者之间的对立、矛盾和怨恨。

② 余怨：指统治者与被统治者之间无法用调和来解决的根本矛盾和怨恨。

③ 左契：契约，合同，字据。这里指文书，档案。

④ 司彻：管理税收。周代赋法，什一而税称彻。

⑤ 常与善人：永远与善于人，指永远为人民做好事。

【解读】

本章表达老子哲学对政治体制的主张。

“和大怨，必有余怨；安可以为善？”是说，

要想调和统治者与被统治者之间的矛盾(大怨)，而不解决根本问题(余怨)，是调和不了的。

“是以圣人执左契，而不责于人。故有德司契，无德司彻。”是说，要想解决根本问题，就要改变体制。执政者要成为国家的管理人员，为人民保管文书(司契)，没有苛捐杂税(不责于人)。因此，圣人是为人民服务的办事员，不是只顾收税敛财的统治者。

“天道无亲”，是说天道之亲是无私、无欲、无争、无妄之亲；是亲万民之亲，不是亲一个人或是一群人之亲，而是对全人类之亲。“常与善人”，是说永远为人民做好事，与善于人。

第八十章　小国寡民

小国[①]寡民[②]。使有什佰之器[③]而不用；使民重死而不远徙。虽有舟舆，无所乘之；虽有甲兵，无所陈之。使民复结绳[④]而用之。甘其食，美其服，安其居，乐其俗。邻国相望，鸡犬之声相闻，民至老死，不相往来。

【注释】

① 小国：小小的家园。

② 寡民：指战争之后，残存的孤儿、寡妇和垂暮老人。

③ 什佰之器：古代战具，需要数十人、上百人才能操作起动的武器。

④ 结绳：指没有文字，以结绳记事的年代。

【解读】

本章是老子哲学人权思想的表述，也是据史料记载人类历史上第一部人权宣言书。

人类世界以人类为本，这是唯物主义者的必然选择。既然人类世界以人类为本，那么，人类的生

命、生存和人类的尊严必然是第一位的根本问题。

本章是针对人类所处的那个时代而提出的人权诉求。两千五百多年来，本章一直被误读和误解，直到近代，不少知名哲学家和学者，仍然认为本章是小农思想或是乌托邦。

一、“小国寡民”，听起来似有温馨家园的感觉，而其内涵却是如此凄清。战争夺走了青壮年的生命，摧毁了人们赖以生存的家园，留下的只是孤儿、寡妇和垂暮老人。这些“寡民”呼唤着要一块立足生存的土地,这块立足生存的土地就是“小国”。

二、“小国寡民”的第一项要求就是不要战争。“使有什佰之器而不用”“有甲兵无所陈之”，这是说，再不用兵器了，再不用列阵打仗了。

“邻国相望，鸡犬之声相闻，民至老死，不相往来。”这是描述被战争蹂躏过的人民对战争的恐惧和对和平的渴望。邻国之间宁愿不相往来，也不愿有往来而有战争。

三、“使民重死而不远徙，虽有舟舆，无所乘之。”这是要求保护人类赖以生存的家园，不再受到战火的践踏和摧残。人们可与这块安身立命的土地老死相守，不再颠沛流离，四处逃亡，虽有车马舟船，也就没有用了。

四、“使民复结绳而用之。”这是寡民们的血泪之言，其真实意思是说，如果人类的生命、生存和尊严毫无保证，可以被任意杀戮、践踏和侮辱，那么，什么物质文明、精神文明统统都是废话，毫无意义。人们宁愿回到结绳记事的远古时代，在有人的尊严下，在与野兽的搏斗中，享受天年。

五、最后的人权要求是民生第一，“甘其食，美其服，安其居”。人民要求吃饱穿暖，居有其所，耕有其田。“乐其俗”，要求尊重人民的风俗习惯和信仰自由。

以上是人类的血泪之言，要求的是人类的生命权、生存权和人格尊严权。这是人类最基本的人权，也是人类最基本的诉求。

两千五百多年前，老子以“小国寡民”为题，提出的却是人类世界第一部人权宣言书。

第八十一章　信言不美

信言[1]不美，美言不信。善者不辩，辩者[2]不善。知者[3]不博，博者[4]不知。圣人不积，既以为人己愈有，既以与人己愈多。天之道，利而不害；圣人之道，为而不争。

【注释】

① 信言：说真话。

② 辩者：指巧言令色、巧舌如簧者。

③ 知者：知同“智”，指智力和智慧。知者，指具有敏锐认识和理解客观事物，运用知识和经验，善于辨识、判断和解决问题，并具有远见、创造和发明能力的人。

④ 博者：指只是掌握大量知识的人。

【解读】

这是从哲学的高度，要求成为圣人的执政者，在无私、无欲、无争、无妄的情况下，保持清醒的头脑，以理性和良知看待万事、万物、万民，包括执政者自己。

“信言不美，美言不信。”这是强调要实事求是，实话实说。尽管实话不好听，可那是真事，而真事有利于为政，有利于万民。经过修饰的、好听的话，难免掩盖真实情况。执政者若只爱听好听的话，是要坏国家大事的。

“善者不辩，辩者不善。知者不博，博者不知。”这是强调执政者要善于识别人才，选贤与能，为施政和行政选拔德才兼备的管理者。“善者”，是指善于为事者，也就是朴实能干的管理者；“不辩”，是指不专事以言语来显示自己。在领导面前好表现、爱说好话、做好事的人要能够鉴别。

同样，以博学而闻名的人，不一定都有真才实学；有真才实学的人，不一定知识渊博，也不一定都有博士、院士的头衔。

三、“圣人不积，既以为人己愈有，既以与人己愈多。”这再次强调，达到圣人水平的执政者，无私，无欲，无争，无妄；心里装的是黎民百姓，“圣人常无心，以百姓心为心”（第四十九章）。圣人不为自己积攒任何东西。圣人为民办事，为民献身，增加的是圣人的功业和圣人的人生价值，仅此而已。

四、“天之道，利而不害；圣人之道，为而不

争。”这句话是老子哲学贯彻在执政者爱民治国事业上的最后结语。天之道，生而不有，为而不恃，功而不居，长而不宰，利万物而不害万物。圣人效法天道，只奉献不索取，是谓“为而不争”。

图书在版编目(CIP)数据

老子哲学/蓝进著.—青岛：中国海洋大学出版社，2019.10
ISBN 978-7-5670-1964-5

Ⅰ.①老… Ⅱ.①蓝… Ⅲ.①道家②《道德经》—研究 Ⅳ.①B223.15

中国版本图书馆CIP数据核字(2019)第258923号

出版发行 中国海洋大学出版社
社　　址 青岛市香港东路23号
邮　　编 266071
网　　址 http://pub.ouc.edu.cn
电子信箱 1152003083@qq.com
订购电话 0532-82032573(传真)
责任编辑 李夕聪　于德荣
电　　话 85901087
装帧设计 王谦妮　吴宏丽
印　　制 青岛国彩印刷股份有限公司
版　　次 2020年1月第1版
印　　次 2020年1月第1次印刷
成品尺寸 170mm×230mm　1/16
印　　张 17.5
字　　数 185千字
定　　价 68.00元